Philipp Mainländer, als Philipp Batz am 5. Oktober 1841 in Offenbach am Main geboren, hat sich am 1. April 1876 dort das Leben genommen.

In seinem Todesjahr vollendet er seine zweibändige, 1300 Seiten umfassende *Philosophie der Erlösung*. Sie propagiert einen Schopenhauer noch überbietenden kosmischen Pessimismus, für den der Weltprozeß mit Abnutzung, Seinsverschleiß und Wirklichkeitszersetzung gleichzusetzen ist. In radikaler Umkehrung aller Hegelianismen erscheint die Gesamtheit des Anorganischen und Belebten nicht als Ausdruck der Selbstwerdung und Selbstfindung eines ›Weltgeistes‹, sondern als notwendige Zwischenstufe seiner Selbstauslöschung, der Bewegung vom »Übersein« ins Nichts.

Damit entwirft Mainländer die erste und einzige *Metaphysik der Entropie*, die in zahlreichen Punkten unser modernes physikalisches Weltbild vorwegnimmt, das das Universum seinerseits aus der Megakatastrophe des Urknalls ableitet.

Mainländer hat seine Vision des selbstmörderischen Demiurgen und seine Theorie des universalen »Willens zum Tode« dadurch beglaubigt, daß er von eigener Hand aus der Weltgeschichte verschwand. Daß manch einer sein Werk auch in der Philosophiegeschichte ungeschehen machen wollte, kann nicht überraschen.

Die vorliegende Auswahl erhebt Einspruch gegen das Totschweigen und alle anderen Versuche, uns von der Zumutung der *Philosophie der Erlösung* zu erlösen.

insel taschenbuch 1148
Philipp Mainländer
Philosophie der Erlösung

Philipp Mainländer
Philosophie der Erlösung

Ausgewählt
und mit einem Vorwort versehen
von Ulrich Horstmann

Insel Verlag

insel taschenbuch 1148
Erste Auflage 1989
Originalausgabe

Hinweise zu dieser Ausgabe am Schluß des Bandes
Vertrieb durch den Suhrkamp Taschenbuch Verlag
Umschlag nach Entwürfen von Willy Fleckhaus
Satz: MZ-Verlagsdruckerei, Memmingen
Druck: Nomos Verlagsgesellschaft, Baden-Baden
Printed in Germany

1 2 3 4 5 6 – 94 93 92 91 90 89

Inhalt

Der verwesende Gott

Philipp Mainländers Metaphysik der Entropie
Vorwort von Ulrich Horstmann

Philipp Mainländer war der Ansicht, daß »der wilde Instinkt der Mutterliebe in der Menschheit ausgerottet werden müßte«.[1] So wurde er von keinem Weibe geboren. Aber nicht wegen seines phantomhaften Wesens würdigte ihn die akademische Philosophie keines Blickes. Das wäre auch verwunderlich gewesen, wo sie doch über ein gerüttelt Maß an Erfahrung im Umgang mit Autoritäten verfügt, die eine Generation später nur noch Schatten ihrer selbst waren. Nein, der Grund für das Übersehen Mainländers war das völlige Fehlen des Stallgeruchs, ein Außenseitertum, eine extreme Randständigkeit im wohlgeordneten Kosmos der Positivisten und biologischen Monisten, der Neukantianer und Psychophysiker, an der sich selbst nach der Jahrhundertwende so wenig änderte, daß sich niemand auch nur die Mühe machte, ihn endgültig für gestorben zu erklären. Vielleicht aber war er gerade wegen dieser Leb- und Wirkungslosigkeit nicht totzukriegen und kehrt heute zurück. Ein Wiedergänger aus dem schopenhauerschen Lemurenkabinett der Frauenstädt, Bahnsen, Deussen und von Hartmann, ein Zombie übernächtigter Philosophie und die reinste Verkörperung des Herumgeisternden, Spukhaften, alpträumerischen Denkens, das uns begleiten wird bis ans Ende unserer Tage, weil es von Anbeginn da war.

Doch alles der Reihe nach.

Was an dem Revenant Mainländer aus Fleisch und Blut bestand, hieß Philipp Batz und kam am 5. Oktober 1841 in Offenbach zur Welt – »als Kind ehelicher Notzucht«,[2] wie er in einer autobiographischen Skizze ergänzt. Das Klima im Fabrikantenhaushalt Batz muß atemberaubend gewesen sein, denn drei der sechs Kinder begingen späterhin Selbstmord, zuletzt Mainländers ältere Schwester und Mitarbeiterin Minna, die ihren Bruder um viele Jahre überlebte und 1886 die Herausgabe des zweiten Bandes der *Philosophie der Erlösung* besorgte.

Nach väterlichem Ratschluß sollte der Jüngste Chemiker werden, ein Berufsziel, das aber zugunsten einer kaufmännischen Ausbildung umgestoßen wurde. Also besuchte Philipp Batz ab 1856 die Handelsschule in Dresden und ging zwei Jahre später nach Italien, um in Neapel eine Stelle in einem Handelshaus anzutreten. Hier lernt er Italienisch, vertieft sich in Dante, Petrarca, Boccaccio und vor allem Leopardi; hier verbringt er die fünf glücklichsten Jahre seines Lebens. »Ich habe«, schreibt er rückblickend, »als Kaufmann die Welt gesehen, einen umfassenden kaufmännischen Blick gewonnen und blieb verschont vom giftigen Hauch der Philosophieprofessoren und einem trockenen, wurmartigen, kurzsichtigen Gelehrtentum, der Vielwisserei, wie Heraklit verächtlich zu sagen pflegte.«[3]

Das klingt schon sehr nach einem anderen designierten Geschäftsmann und seinem giftigen Spott über die »Kathederphilosophen«, jene Räsoneure auf Staatskosten, die von der Philosophie und nicht für die Philosophie leben wollten. Und in der Tat fällt auch die Entdeckung Schopenhauers in Mainländers neapolitanische Zeit. Die

Lektüre seines Hauptwerks war dabei kein bloßes Bildungserlebnis; das Buch traf den Neunzehnjährigen vielmehr mit der ganzen Wucht einer Offenbarung:

»Im Februar 1860 kam der große, der bedeutungsvollste Tag meines Lebens. Ich trat in eine Buchhandlung und durchblätterte die frisch aus Leipzig eingetroffenen Bücher. Da finde ich Schopenhauers *Welt als Wille und Vorstellung*. Schopenhauer? Wer war Schopenhauer? Den Namen hatte ich noch nie gehört. Ich blättere in dem Werke, ich lese vom Verneinen des Willens zum Leben, finde zahlreiche mir bekannte Zitate in einem Text, der mich traumbefangen macht. Ich vergesse meine Umgebung und versinke. Endlich sage ich: ›Was kostet das Buch?‹ ›6 Dukaten.‹ ›Hier ist das Geld.‹ – Ich ergreife meinen Schatz und stürze wie ein Verrückter aus dem Laden nach Hause, wo ich den ersten Band in fieberhafter Hast aufschnitt und von vorne zu lesen anfing. Es war heller Tag, als ich aufhörte; ich hatte die ganze Nacht in einem fort gelesen.«[4]

Mainländer beschließt, der »Paulus« dieses Querdenkers[5] zu werden, muß sich das dazu notwendige intellektuelle Rüstzeug aber erst noch aneignen, ein Lernprozeß, der über ein Jahrzehnt beanspruchen sollte.

1863 kehrt Batz, getrieben von jener »verzehrend glühenden Vaterlandsliebe«,[6] die für uns Nachgeborene vielleicht die irritierendste Facette dieses an Absonderlichkeiten und Abstrusitäten überreichen Lebens bildet, über Rom in seine Heimatstadt zurück, arbeitet im Geschäft des Vaters und bringt ein dreiteiliges »dramatisches Gedicht« mit dem Titel *Die letzten Hohenstaufen* zu Papier. Erst 1865, im Anschluß an die durch den Tod der Mutter ausgelöste seelische Erschütterung, erwacht der philosophische »Dämon« erneut, vor dem ein weitblikkender Oberlehrer ihn schon beim Antritt der Italienreise mit den Worten gewarnt hatte: »Lassen Sie sich von der poetischen Literatur ... das Leben verschönern und die Sorgen nehmen. Das ist Ihr Feld, dazu haben Sie Trieb und Anlagen. Meiden Sie dagegen die Philosophie wie die Pest.«[7]

Eben der Denkseuche aber verschreibt sich der inzwischen vierundzwanzigjährige Autodidakt, durch die Verlusterfahrung »über tausend Felsen in seine Bahn« geworfen,[8] jetzt mit Haut und Haaren. In den folgenden Jahren arbeitet er Schopenhauer gründlich auf, beschäftigt sich mit der deutschen Mystik und Eschenbachs *Parzival*, liest, inzwischen an einem Berliner Bankhaus tätig, Kants *Kritik der reinen Vernunft* – »nicht durch Fichte, Schelling und Hegel vergiftet, sondern vielmehr durch Schopenhauer kritisch gestählt«[9] – und eignet sich die philosophischen Klassiker von Heraklit bis Condillac an.

Zu berichten ist in diesem Zusammenhang aber auch von einer zweiten, weit früher einsetzenden Obsession, dem damals allerdings keineswegs als krankhaft geltenden Bedürfnis, dem Vaterland mit der Waffe zu dienen. Mainländer wurde von seinen Eltern vom Wehrdienst freigekauft, was unter Begüterten durchaus üblich war. Sein aufs innigste mit dem »außerordentlichen Verlangen, einmal unbedingt einem anderen in allem unterworfen zu sein, die niedrigste Arbeit zu tun, blind gehorchen zu müssen,«[10] verschwisterter Patriotismus aber gab keine Ruhe, und er unternahm, insbesondere nach dem deutsch-französischen Krieg von 1870/71, immer wieder Anläufe, zu den Fahnen zu kommen.[11]

Ein Immediatsgesuch an den Kaiser vom 6. April 1874

hatte schließlich Erfolg, obwohl die freiwillige Meldung eines mehr als Dreißigjährigen zum schweren Reiterdienst bei der Kreis-Ersatz-Kommission, die seine Tauglichkeit prüfte, »großes Erstaunen« auslöste und Mainländer auch der eine oder andere Blick nicht entging, der nach »Spuren geistiger Zerrüttung« forschte.[12]

Ein wirklicher Menschenkenner hätte zu diesem Zeitpunkt vielleicht schon das genaue Gegenteil ausmachen können, denn jene äußerste Sammlung und Konzentration muß sich bereits abgezeichnet haben, die das eruptive Entstehen der *Philosophie der Erlösung* ermöglichte. Mainländer verbrachte die Zeitspanne, die ihm bis zur Einberufung im Herbst blieb, in einer Art Schaffensrausch:

»Nun begann ein zaubervolles Leben, ein geistiges Blühen voll Seligkeit und wonniger Schauer... Dieses Leben dauerte vier volle Monate; es erfüllte den Juni, Juli, August und September. Vollständig klar, konsequent und in sich abgerundet lag mein System in meinem Geiste, und ein Schaffenstrieb belebte mich, der die Peitsche des Gedankens nicht nötig hatte, daß ich am 28. September fertig sein *müsse*.«[13]

Das abgeschlossene Manuskript des ersten Bandes übergibt er seiner Schwester, die sich um einen Verleger kümmern will. Er selbst wird Rekrut bei der Kürassieren in Halberstadt, wo er sich ursprünglich auf drei Jahre verpflichtet hat. Der Dienst ist strapaziös und läßt kaum Muße. Mainländer kommt es vor, als flössen seine Gedanken »wie ein Strom im Winter ruhig unter der Eisdecke fort.«[14] Aber es gibt auch Dokumente tiefer Erschöpfung, wie sie fast notwendig auf eine Phase manischer Produktivität folgt.

»Ich glaube«, schreibt er am 22. September 1875 an Minna, »ich bin verbraucht, *worked out* ... ich bin bei vollkommen ... gesundem Körper unaussprechlich müde.«[15] Er habe der Sphinx ins Auge gesehen, heißt es weiter, und wenn ihn noch etwas aufrechthalte, dann allenfalls jene Ordnungsliebe, die nicht eher ruhe, bis man sein »Haus bestellt« habe. Eine Todessehnsucht beginnt sich zu artikulieren, die bei der Schwester um mehr als nur Verständnis wirbt und das letzte Lebensjahr Mainländers grundiert.

Zum 1. November 1875 kommt er erfolgreich um seine vorzeitige Entlassung aus dem Militärdienst ein und reist zurück nach Offenbach, wo ein zweiter Kreativitätsschub seine restlichen Energien aufzehrt.

In zwei Monaten »fieberhafter Tätigkeit«[16] korrigiert er die Druckbogen seines Hauptwerks, verfaßt die Novelle *Rupertine del Fino*, bringt seine Lebenserinnerungen zu Papier und schreibt die sechshundertfünfzig Seiten des zweiten Teils der *Philosophie der Erlösung*. Welchen Raubbau er dabei an seinen Kräften treibt, ist ihm ebenso klar wie das fast schon Testamentarische dieser letzten Anordnungen. »Es ist alles Ährenlese auf abgeernteten Feldern«, heißt es in einer Aufzeichnung aus dem Dezember, »daß neben die drückenden Arbeiten, durch eine eigentümliche Hast, die ähnlich der Hast des Insekts ist, mit der es im Herbst seine letzten Eier legt, um darauf zu verenden, noch eine berauschende duftige Nachblüte meines Geistes getreten ist, ist Nebensache.«[17]

Ende Februar zeichnet sich dann der Zusammenbruch ab, dessen Symptomatik in vielem dem geistigen Kollaps Nietzsches gleicht. Der war einer der wenigen Denker von Rang, die Mainländer überhaupt wahrgenommen haben – allerdings nur als »süßlichen Virginitätsapostel«. In der *Fröhlichen Wissenschaft* erledigt er ihn mit ein paar Sätzen, von denen der letzte und schlimmste lautet: »Zuletzt wird es ein Jude gewesen sein (– alle Juden werden süßlich, wenn sie moralisieren).«[18] Als Nietzsche diese geistige Hinrichtung vornahm, war die Agonie Mainländers schon sechs Jahre vorüber, und es dauerte noch weitere sieben, bis eben jener Messianismus und Größenwahn bei dem Kritiker zum Ausbruch kam, der auch den Kritisierten am Ende umfing.

Mainländer war sich jetzt sicher, daß in ihm »die Gottheit ... schreibt«, daß »der Geist, in dem ich vor der Welt war, ... meine Hand führt.«[19] Seine Schwester herrscht er an: »Wenn du mich hindern willst, zertret' ich dich«,[20] und fordert sie auf, »den Saum seines Kleides zu erfassen und dann die Augen zu schließen«,[21] damit sie kein Schwindel überkomme. Er spürt eine ungeheure Metamorphose, glaubt sich nicht mehr todgeweiht, sondern schon verklärt, will im Handumdrehen vom Philosophen und Theoretiker der Erlösung zum politischen Heiland werden, Erbe Lassalles und sein Überwinder in einem:

»Die Rede, die mich sofort auf die höchste Woge der Partei heben wird, liegt in den Grundzügen vor mir und ihre Ausarbeitung verlangt nur zwei Tage. Ich brauche dann nur mit den Führern der heutigen Sozialdemokratie zwei Worte zu sprechen, dann eine Versammlung in Frankfurt zu berufen und am dritten Tage werden alle Zeitungen von mir reden und alle Arbeiter mit verzehrender Glut an meinem Munde hängen.«[22]

Aber nirgendwo erschienen Aufmacher über den neuen Volkstribun, es gab nur eine kleine Notiz im Polizeibericht. Dort stand zu lesen, man habe ihn am Morgen des 1. April 1876 in seinem Zimmer erhängt aufgefunden. Am Vortag waren die ersten, noch druckfrischen Exemplare der *Philosophie der Erlösung* eingetroffen. Sein Leben habe nun keinen Zweck mehr, soll der Empfänger geäußert haben – ein dunkler, verdüsterter, erdrosselnder Satz, mit dem Philipp Batz auf immer von der Bühne abtritt, jenem gespenstischen alter ego das Feld überlassend, das, gekräftigt von einem hundertjährigen Vergessen, heute seinem Buchsarg entsteigt und wieder in den Köpfen herumzugeistern beginnt.

Die Gründe für solche Auferstehungen, für die Wiederkunft des Begrabenen sind nicht immer so durchsichtig wie die Untoten selbst. Aber im Fall Mainländer lassen sich doch zumindest drei Faktoren oder Kraftfelder unterscheiden, die seiner Rematerialisation förderlich waren.

Wichtig war erstens die kraftvolle Schopenhauer-Renaissance der vergangenen Jahre, die wir hier nicht zu interpretieren, sondern nur zu konstatieren haben.[23] Es liegt in der Natur der Sache, daß sich das Interesse nicht auf die pessimistische Vaterfigur begrenzen ließ, sondern irgendwann rezeptionsgeschichtlich weiterfragen mußte. Damit geraten die Schopenhauer-Schüler und -Propagandisten der ersten Stunde in den Blick, die die reine Lehre weiterzuentwickeln, zu systematisieren, ja, jeder auf seine Weise erst wirklich zu Ende zu denken glaubten. Auf diesem Umweg wurden Anlagen, Latenzen, aber auch Leerstellen des Schopenhauerschen Systems bisweilen überscharf sichtbar. Der bärbeißige Humor des Frankfurter Weltverächters und seine larvierte Lebensfreude etwa wachsen sich beim »Apostel« Frauenstädt zu einem relativen Optimismus aus. Das Sinnvakuum Geschichte wird im Handstreich von dem preußischen Ex-Offizier und Privatgelehrten Eduard von Hartmann besetzt: »Er arbeitete einen Generalstabsplan für die Strategie der Erlösung aus; er verhegelte Schopenhauer; er machte den Verzicht auf die Welt zu einem historischen Prozeß und Progress.«[24] Mainländer selbst legt unter den erkalteten Oberflächenschichten des Schopenhauerschen Quietismus, seiner Resignation und Kontemplation die Lavagluten eines Heilsverlangens frei, das sich nicht nach besseren Welten verzehrt, sondern nach dem Nichts, dem kosmischen Ungeschehenmachen dessen, was war, ist und sein wird. Und Julius Bahnsens »Realdialektik« streicht gegenläufig gerade dieses ganz Andere aus, denn für ihn ist die Heillosigkeit so allgegenwärtig, daß sie selbst den Ausweg ins Nirwana blockiert und die Chance der Selbstvernichtung vernichtet hat.

Man begreift, jeder dieser Bekehrten hatte seinen eigenen Schopenhauer und sah sich von Verkehrten, von Sektierern und Irrlehrern, umgeben. Entsprechend waren die Umgangsformen untereinander. Mainländer beschimpft Hartmann im zwölften Essay seiner Erlösungsphilosophie[25] über gut einhundertundzwanzig Seiten. Und der als »geistiger Invalide«[26] Geschmähte, der den Meister »verwässert« und dann mit »dem trüben Schaum seiner Gedankenlosigkeit«[27] überschüttet habe, bewegt solche Komplimente in seinem Herzen. Natürlich denkt er, als sich endlich die passende Gelegenheit bietet, nicht daran, die Toten ruhen zu lassen, sondern bezichtigt Mainländer posthum des Plagiats, »metaphysischer Absurdität und religiöser Blasphemie«.[28] Eine einfache Einheit, so die bissig-abkanzelnde Schlußbemerkung in Hartmanns *Geschichte der Metaphysik*, könne »niemals so geschickt platzen, daß ihre Bruchstücke einen teleologischen Weltprozeß aufführen müssen.«[29]

Wen wundert es, wenn sich da jemand im Grabe herumdreht, dem als Selbstmörder ohnehin die Unruhe in den Knochen steckt. Nur, solange die entgeisterte Vernunft über die Friedhöfe und Schädelstätten des Nachdenkens patrouilliert, bleibt das Rumoren unterirdisch. Deren Nachtwachen aber sind gezählt, und Bonaventura bereitet sich auf seinen neuerlichen Dienstantritt vor.

Das ist der zweite Auslöser für Mainländers Wiedergängertum. Das phantasielose Kalkül der Moderne und ihr wissenschaftliches Bemächtigungsdenken stehen vor der Abdankung. Bacons Vision eines hochtechnisierten »Neuen Atlantis« verlockt nicht mehr, denn sie ist in Erfüllung gegangen, wobei uns die seltene Akkuratesse der Namensgebung erst jetzt, wo uns das Wasser erneut bis zum Halse steht, so richtig aufzugehen beginnt. Die wortgewaltigen Herolde der Aufklärung sind kleinlaut geworden, und selbst die französische Intelligenz hat die Fackel eines methodisch verpichten Räsonnements sinken lassen und kultiviert überall düstere Wortdschungel, aus denen die Geißlerzüge der Poststrukturalisten, Dekonstruktivisten und Dezentrierer hervorbrechen, um das restliche Abendland tanzend, blutend, delirierend zur Umkehr zu mahnen. Aber auch dort hat die rationalistisch unterkühlte Vernunft schon Temperatur und fiebert nach intellektuellen Abenteuern, Eskapaden und Gedankenfluchten, nach energischen Widerreden, nach Ein- und Ausfällen, kurz, nach Büchern wie dem Mainländers, denn »was er lehrt ist in der Tat außerordentlich, in der Geschichte der Philosophie einzig dastehend, ... nicht strenge Philosophie, sondern vielmehr ein philosophisches Gedicht, ... ein interessantes Gedankenexperiment.«[30]

Fette Jahre für Schemen also, magere für Schematisierer. Und der dritte Grund dafür, daß Mainländer neuerdings wieder vorzeigbar wird? Den spüren wir alle am eigenen Leib, und darum ist er gewichtiger als die Vorreiterfunktion Schopenhauers und vielleicht sogar der eigentliche Auslöser für die Selbstentfesselung der Ratio und die Repoetisierung des Nachdenkens, die wir an zweiter Stelle genannt haben.

Die Rede ist von der schleichenden, aber unaufhaltsamen Verwandlung einer ehedem grundsoliden und anheimelnden Wirklichkeit in ein Gruselkabinett und eine Geisterbahn. Unser Fin de siècle unterscheidet sich vom Ende des 18. Jahrhunderts darin, daß Schauerromane nicht mehr gelesen, sondern gelebt werden. Frankensteins Geschöpf ist aus den Eiswüsten, in denen Mary Shelley es aussetzte, längst in die Laboratorien und Forschungsinstitute zurückgekehrt, mehr noch, überall sind technokratische Homunkuli und Retortengeschöpfe in Schlüsselpositionen aufgestiegen, führen aus Menschlichkeitsresten zusammengestückelte Apparatschiks Regie. Ein computergestütztes Pandämonium haben sie installiert, dessen Insassen mit Auslöschungsdrohungen bei der Stange gehalten werden müssen. Gegenläufig entrückt die Werbung den folgsamen Konsumenten in simulierte Paradiese, zu deren Folgekosten die Auspowerung des Planeten, die Vergiftung der Flüsse, die Verseuchung des Bodens und die Vergasung der Luft gehören. Solche ›Nebenwirkungen‹ werden ebenso billigend in Kauf genommen wie die Verwandlung der Kultur in ein Unterhaltungsspektakel. Hauptsache, alles flirrt, flackert und verwischt im Scheinheiligen; Hauptsache, nichts schreckt auf aus dieser Voodoo-Welt der Instant-Genüsse, die Mainländer in seiner Konzeption des »idealen Staates« in gewisser Weise vorausgeahnt hat und in die er deshalb wie selbstverständlich eintritt als Seelenloser unter Entseelten.

Was die *Philosophie der Erlösung* formuliert, ist der Traum von Sinn dieses Aberwitzes, von der Endlichkeit des Wahns, vom Verschleiß der Leiden, die durch keine industrielle Revolution aufzuheben, durch keine ideologische Indoktrination wegzuvernünfteln sind.

Mainländer hat damit etwas Großartiges geleistet. Er hat die Verfiktionalisierer der Wirklichkeit mit ihren eigenen Waffen geschlagen. Er hat ein Hirngespinst[31] in die Welt gesetzt, dessen Netzwerk ungleich widerstandsfähiger ist als die brüchigen Ariadnefäden des Heils und das uns doch nicht die Sicht raubt wie ein vor die Augen gebundenes buntschillerndes Tuch. Was er neu aus dem Werg der Philosophie- und Geistesgeschichte zusammenspleißt und, so gut es geht, mit den eigenen Gedankenketten absichert, läßt sich vielleicht am ehesten mit einer Hängebrücke vergleichen, die über einen Abgrund führt. Es erfordert starke Nerven, sie zu betreten, aber der Ausblick ist ungeheuer.

Mainländer protokolliert, sammelt von seiner windigen, bei jeder Böe hin- und herschwankenden Warte aus Eindruck um Eindruck. Das Endresultat dieses risikoreichen Unternehmens ist nicht mehr und nicht weniger als eine *Metaphysik der Entropie*, die einzige, die wir bis heute besitzen.

Ihr Grundgedanke ist von bestechender Einfachheit und Eleganz. Die Welt ist kein Kosmos, kein harmonisches und auf ewige Dauer gestelltes Übersystem, die Welt ist eine Selbstzerstörungsmaschine und funktioniert wie eine der autodestruktiven kinetischen Skulpturen von Jean Tinguely.

Alles durchwaltet ein urtümlicher und unbeeinflußbarer Wille, der von Anfang an auf Abnutzung, Verschleiß, Vernichtung aus war, und dessen auf den ersten Blick ungeheuerliche schöpferische und konstruktive Potenzen im Endeffekt nur dazu dienen, den Verfall zu beschleunigen – so wie der Mensch immer komplexere Maschinen einsetzt, um beispielsweise Urwälder zum Verschwinden zu bringen oder von ihm selbst errichtete Gebäude wieder einzureißen.

Das Leben hat als bisher effektivster Entropievermehrer zu gelten, und der homo sapiens zumindest in dieser Hinsicht weiterhin als Krone der Schöpfung. Die Verheerungen, die unsere Gattung auf ihrem Planeten angerichtet hat und über die die Ökophilen nicht müde werden zu lamentieren, sind demnach kein Betriebsunfall der Evolution, sondern ihr höchster Triumph. Und auch die Selbstvernichtung dieses aufrechten Säugers, über deren Bewerkstelligung wir weit exaktere Vorstellungen besitzen als das späte 19. Jahrhundert, ist ganz in der kosmischen Ordnung.

Die Philosophie Mainländers wehrt sich deshalb auch nicht gegen den Abrieb des Seins, sondern schlägt sich rückhaltlos auf die Seite des Ruinösen – eine Allianz, aus der paradoxerweise eine politische Radikalität erwächst, die z. B. die freie Liebe und den Kommunismus propagiert. Das aber ist nur auf den ersten Blick verwunderlich, denn ein Denken, das die entropische ›Fließrichtung‹ alles Existierenden bejaht, will ja die weitere Beschleunigung, die Erhöhung des Gefälles, und räumt deshalb Blockaden, Sperren, Widerstände und andere retardierende Momente aus dem Weg.

Außerdem ist die realisierte soziale Utopie, die Mainländer den »idealen Staat« nennt, nicht Endziel, sondern ihrerseits Mittel zum Zweck. Sie leitet die Selbstaufhebung einer gerade durch das Wohlleben und die herrschenden paradiesischen Zustände vollständig desillusionierten und lebensüberdrüssig gewordenen Menschheit ein – eine Selbstnegation, die das geheime Telos aller unserer Anstrengungen und Zivilisationsleistungen und damit auch aller theoretischen und praktischen Philosophie darstellt: »Es handelt sich nicht darum, ein Geschlecht von Engeln zu erziehen, das dann immerfort, immerfort existiere, sondern um *Erlösung vom Dasein*.«[32]

Jeder Mensch, so die sich auch ethisch weiterfressende Ernüchterung, kann im übrigen gar nicht anders, als sein destruktives Scherflein zum sich immer höher auftürmenden Trümmerhaufen beizutragen. Er hat, den Träumereien von freier Entscheidung und moralischer Souveränität zum Trotz, keine Wahl. Selbst wenn er sich nämlich aus aller Kraft gegen den Vernichtungsstrom stemmt, steigert er dadurch letztlich nur seine Gewalt, so wie ein Dammbau gegen die steigende Flut ihre verheerende Wirkung potenziert, sobald das künstliche Hindernis bricht – und das ist nach Mainländer nur eine Frage der Zeit.

Der Teufel und der Heilige arbeiten sich in dieser Welt auf Widerruf also gegenseitig in die Hände, der Asket biegt nur einen größeren Teil der Vernichtungsenergien auf sich selbst zurück als der Schwelger, der Kinderlose bleibt ebenso ein Zahn in dem sich selbst atomisierenden kosmischen Mahlwerk wie der Zeugungswütige, der zusätzliche ›Reibeflächen‹ schafft.

Überall verschwimmen die moralischen Konturen von gut und böse, schuldig und unschuldig, und es stellt sich jene coincidentia oppositorum eines nahezu mystischen Welterlebens und -intuierens her, die man der biederen Rationalität des tertium non datur nie und nimmer wird einsichtig machen können. »Der Optimismus soll *Gegensatz* des Pessimismus sein? Wie dürftig und verkehrt«[33], heißt es einmal, und Mainländer hätte die Liste falscher Ausschließlichkeiten noch lange fortschreiben können. Der Aktivismus, das Tun, soll Gegensatz der Passivität, des Erleidens, sein, fragt sein Lehrer Arthur Schopenhauer. Und die Antwort fällt für die, die nichts mehr ›begreifen‹ wollen – womit der Mensch bekanntlich alle Hände voll zu tun hat –, sondern partout alles an den zwei Fingern des Entweder-Oder abzählen müssen, nicht minder unlogisch aus:

»(Der Weise) sieht ein, daß die Verschiedenheit zwischen dem, der das Leiden verhängt, und dem, welcher es erdulden muß, nur Phänomen ist und nicht das Ding an sich betrifft, welches der in beiden lebende Wille ist, der hier, durch die an seinen Dienst gebundene Erkenntnis getäuscht, sich selbst verkennt, in *einer* seiner Erscheinungen gesteigertes Wohlsein suchend, in der *anderen* großes Leiden hervorbringt und so, im heftigen Drange, die Zähne in sein eigenes Fleisch schlägt, nicht wissend, daß er immer nur sich selbst verletzt. ... Der Quäler und der Gequälte sind eines.«[34]

Das »Zerreißen des Schleiers der Maja« nannte Schopenhauer solche momentanen Ein- und Durchblicke. Und Mainländers *Philosophie der Erlösung*, dieser »wunderliche, wilde Sproß aus Schopenhauerscher Wurzel«,[35] verdankt sich vielleicht einer einzigen derartigen Offenbarung, der Verschmelzung jener Extreme nämlich, die für uns die absolutesten Polaritäten sind: des Gartens Eden mit dem Inferno, des wüsten Gomorrha mit dem himmlischen Jerusalem, der äußersten Öde mit dem verdichtetsten Sein zu einer Heilskatastrophe, Untergangsseligkeit und einem paradiesischen Verlöschen, angesichts dessen nicht nur die Philosophie nach Worten ringt.

Die Unausweichlichkeit der Abläufe, das sich Einebnen der Welt, ihre Konvergenz im Nichtigen heißt in den Naturwissenschaften Entropie. Dieses Konzept wurde 1850 von dem deutschen Physiker Rudolf Clausius entwickelt und keine zehn Jahre später von Helmholtz ›kosmologisiert‹. Die Analogien zum Weltbild Mainländers sind frappant:

»Das Entropiegesetz ist gleich dem Zweiten Hauptsatz der Thermodynamik. Der Erste Hauptsatz besagt, daß der Betrag der gesamten Materie und Energie des Universums konstant ist ... Der Zweite Hauptsatz stellt fest, daß Materie und Energie nur in eine Richtung verändert werden können, nämlich von einer *nutzbaren* Form in eine *nichtnutzbare*, von einer *verfügbaren* in eine *nichtverfügbare*, von einer *geordneten* in eine *ungeordnete*. Die Grundaussage des Zweiten Hauptsatzes ist, daß alles im Universum eine Struktur besaß und sich unwiderruflich auf ein Chaos zubewegt. ... Wann und wo immer auf der Erde oder im Universum eine geordnete Struktur geschaffen wird, geschieht dies nach dem Entropiegesetz auf Kosten einer größeren Unordnung in der jeweiligen Umgebung.«[36]

Das heutige Weltmodell basiert auf dem Entropie-Gedanken und liefert Einsichten wie: »Die Tiefenstruktur von Veränderung ist Zerfall«,[37] oder: »Im Grunde ... ist alles Qualitätsverlust durch Energiediffusion.«[38] Der Autor dieser Sätze, Professor für physikalische Chemie in Oxford, ist sicherlich kein Häretiker und der Dreifaltigkeit von Empirie, Experiment und EDV treu ergeben; trotzdem liefert er eifrig Bestätigungen jener Metaphysik des Seinsverschleißes, die ein obskurer Bankangestellter und keuscher Militarist im Erscheinungsjahr *Tom Sawyers* und des Otto-Motors in die Welt setzte:

»Spontan nimmt die Qualität ab, ... und der Qualitätsverlust speist die in Wechselwirkung stehenden Prozesse, die wie Zahnräder einer komplizierten Maschine um uns herum und in uns ineinandergreifen. So komplex ist die Verzahnung, daß das Chaos hier und da zurückweicht und Qualität aufflackert, etwa wenn Kathedralen erbaut oder Symphonien gespielt werden. Aber das sind zeitliche und örtliche Illusionen, denn im Inneren der Welt spult sich unaufhaltsam die Feder ab. Alles wird vom Zerfall ... bewegt.«[39]

Es scheint mehr als fraglich, ob Mainländer die Arbeiten Clausius' und Helmholtz' kannte. Die wissenschaftliche Schutzbehauptung, hier habe jemand abgeschrieben, ist also nicht plausibel. Außerdem ergeben sich spiegelbildliche Ähnlichkeiten wie die vorliegenden ja auch im Schoß von Mutter Natur nicht dadurch, daß ein Zwilling den anderen nachäfft, sondern erklären sich durch denselben Ursprung.

Im vorliegenden Fall ist das nicht anders. Bei Mainländer wie im zweiten Hauptsatz der Thermodynamik bricht dieselbe archaische Vorstellung wieder auf, manifestiert sich der nämliche uralte Mythos: das Wissen um die langsame Kadaverisierung der Welt, die Saga vom Großen Verkommen. Daß sie im wissenschaftlichen Gewande der Entropie den neuzeitlichen Rivalitätsmythos des Fortschritts, Aufstiegs, der Perfektibilität infiltriert und ihm schon längst zum Trojanischen Pferd geworden ist, beweist nur ihre Kraft und Übermächtigkeit, von der allein ein paar kurze Jahrhunderte szientifischer Wundergläubigkeit nichts mehr wissen wollten.

Kunst, Literatur und Philosophie waren auch in diesen verbohrten Zeiten skeptischer als der in sich selbst vernarrte wissenschaftliche Optimismus. Ihnen sind Untergangs-, Verfalls- und Dekadenzszenarien nie gänzlich abhanden gekommen, und deshalb könnte man die Ahnengalerie Mainländers, die auch die des physikalischen Bankerts Entropie ist, Schritt für Schritt zurückverfolgen. Wir wollen hier aber exemplarisch vorgehen und nur drei Sprünge machen. Den ersten in die Epoche Bonaventuras und Jean Pauls, in jene schwarze Romantik, die trotz der ersten heftigen industriellen Verwirbelungen ein überfeines Gespür besaß für die eigentliche Fließrichtung von Wirklichkeit. Schopenhauers aphoristische Rede vom Leben als dem Schimmelüberzug des Planeten gehört in diesen Zusammenhang; aber schon in Ludwig Tiecks *William Lovell* wurde die überschäumende Vitalität der Natur als »eine verkleidete Verwesung«[40] demaskiert, und Büchners Danton zieht so etwas wie die Summe aus lauter zertretenen blauen Blumen:

»Die Schöpfung hat sich so breit gemacht, da ist nichts leer, alles voll Gewimmels. Das Nichts hat sich ermordet,

die Schöpfung ist seine Wunde, wir sind seine Blutstropfen, die Welt ist das Grab, worin es fault.«[41]
Was ein zeitgenössischer Rezensent Mainländer vorwarf, nämlich daß er den Menschen zu »einem Stück Gottesaas«[42] erniedrige, wird hier dramatisch ratifiziert. Auch der Antike – zweiter und größerer Satz – war zumindest die Vorstellung vom Verludern des Lebens bestens vertraut, wie die ab-, nicht aufsteigende Treppenfolge vom goldenen, über das silberne, bronzene, heroische bis zum eisernen Zeitalter beweist. Und das vor- und frühgeschichtliche Denken, die neolithische Intuition, erscheint drittens und letztens geradezu als unmittelbarer Souffleur Mainländers, denn im gesamten indo-europäischen Kulturkreis sind Schöpfungsmythen anzutreffen, die die Entstehung des Alls aus der Zerstückelung eines Gottes erklären: »The general narrative is that a primordial being is killed and dismembered, and that from that being's body the cosmos or some important aspects of it are created.«[43]

So sieht Mainländer nichts Neues, nur Vergessenes und Verdrängtes, das der Menschheit während des größten Teils ihrer Gattungsexistenz in unterschiedlichen Bildern und Geschichten geläufig war. Lediglich die Aufklärung starrt immerfort ins Morgenrot und glaubt auf diese Weise den Abgrund unter ihren Füßen zum Verschwinden zu bringen. Mainländer war die andere Blickrichtung, das sich Vertiefen, ein Bedürfnis. Er wagte sich hinaus in die Leere auf den hastig verknüpften und verknoteten Seilen seines Systems – allein, ohne die kollektive Einbindung und Absicherung früherer Seher, Mystiker, Schamanen und Philosophen. Ein paar Windstöße lang hielt er das Gleichgewicht, dann stürzte er ab. »Meine innere Entwicklung vollzieht sich nach dem Gesetz der Fallgeschwindigkeit, d. h. sie nimmt im Quadrat zu«,[44] schrieb er in der ihm selbst schon undurchschaubaren Klarheit des Größenwahns einen Monat vor seinem Tod.

Der Brückenschlag der *Philosophie der Erlösung* war ein Provisorium, das ist nicht zu leugnen. Aber wir überlassen es den Grundsoliden, die ihr Leben lang im Bodenlosen Fundamente gießen, darüber zu spotten. Philipp Mainländer wird es ihnen ebensowenig verargen. Als Wiedergänger nimmt er naturgemäß keinen Anstoß mehr und durchquert, wenn es denn sein soll, mit einem Schritt ganze Bücherregale.

Bliebe zu wünschen, daß er noch vielen durchsichtig erscheint, ohne sich jemals in Wohlgefallen aufzulösen.

Anmerkungen

An erster Stelle habe ich Herrn Winfried H. Müller zu danken, der mich so nachdrücklich auf Mainländer hingewiesen und so langmütig mit schwer greifbaren Texten versorgt hat.

1 Fritz Sommerlad, »Aus dem Leben Philipp Mainländers. Mitteilungen aus der handschriftlichen Selbstbiographie des Philosophen.« *Zeitschrift für Philosophie und philosophische Kritik* 112 (1898), 74-101; S. 84.
2 Ebd., S. 77.
3 Ebd., S. 78.
4 Ebd., S. 81.
5 Vgl. Esther Mon-Hua Liang, *Die Ethik der Schule Schopenhauers*. Diss., Berlin 1932; S. 11.
6 Sommerlad, S. 83.
7 Ebd., S. 80.
8 Ebd., S. 86.
9 Ebd., S. 87.
10 Ebd., S. 88.
11 Vgl. Philipp Mainländer, *Meine Soldatengeschichte*, hg. Walther Rauschenberger. Berlin 1925; passim.
12 Ebd., S. 48.
13 Ebd., S. 64f.
14 Sommerlad, S. 99.
15 Walther Rauschenberger, »Aus der letzten Lebenszeit Philipp Mainländers. Nach ungedruckten Briefen und Aufzeichnungen des Philosophen.« *Süddeutsche Monatshefte* 9 (1911/12), 117-131; S. 121.
16 Ebd., S. 127.
17 Ebd., S. 124.
18 Friedrich Nietzsche, *Kritische Gesamtausgabe*, hg. Giorgio Colli und Mazzino Montinari. Bd. V ii. Berlin 1973, S. 283f.
19 Rauschenberger, S. 128.
20 Ebd.
21 Ebd., S. 126.
22 Ebd., S. 124.
23 Eines der Glanzlichter dieser Renaissance setzt zweifellos Rüdiger

Safranskis Biographie *Schopenhauer und Die wilden Jahre der Philosophie* (München 1987).

24 Ludwig Marcuse, *Pessimismus. Ein Stadium der Reife*. Hamburg 1953, S. 121.

25 Philipp Mainländer, *Philosophie der Erlösung*. Bd. II. Frankfurt 1886, S. 529ff.

26 Ebd., S. 545.

27 Ebd., S. 551.

28 Eduard von Hartmann, *Geschichte der Metaphysik*. Bd. II. Leipzig 1900, S. 532.

29 Ebd., S. 533.

30 Gertrud Kahl-Furthmann, *Das Problem des Nicht*. Meisenheim 1968 (^{1}1934), S. 346f.

31 Mainländer hat das mythopoetische Als-ob seiner Erklärungen wiederholt betont; vgl. dazu etwa S. 42f., 47, 58, 73, 91 dieser Auswahl.

32 Vgl. S. 68f.

33 Vgl. S. 118.

34 Arthur Schopenhauer, *Werke in zehn Bänden* (Zürcher Ausgabe). Bd. II. Zürich 1977, S. 441.

35 Olga Plümacher, *Der Pessimismus in Vergangenheit und Gegenwart*. Heidelberg 1884, S. 174.

36 Jeremy Rifkin, *Entropie. Ein neues Weltbild*. Frankfurt 1985, S. 15f.

37 Peter W. Atkins, *Schöpfung ohne Schöpfer*. Reinbek 1987, S. 33.

38 Ebd., S. 37.

39 Ebd., S. 34f.

40 Ludwig Tieck, *Werke in vier Bänden*, hg. Marianne Thalmann. Bd. I. Darmstadt 1963, S. 333.

41 Georg Büchner, *Sämtliche Werke*. Gütersloh 1963, S. 94.

42 Friedrich von Hausegger, »Die Philosophie der Erlösung«. *Bayreuther Blätter* 12 (1889), 83-91; S. 84. Zur (kaum existenten) Rezeptionsgeschichte vgl. Winfried H. Müller, *Der philosophische Pessimismus. Philipp Mainländers Philosophie der Erlösung im Blick auf Kant und Schopenhauer*. Unveröffentlichte Magisterarbeit, TU Berlin 1985, S. 85ff.

43 Bruce Lincoln, *Myth, Cosmos, and Society. Indo-European Themes of Creation and Destruction*. London 1986, S. 2.

44 Rauschenberger, S. 126.

Philipp Mainländer
Philosophie der Erlösung

Zum Geleit

In der Philosophie, d. h. in der redlichen Philosophie, ist nur Küstenschiffahrt möglich: die Erfahrung muß immer sichtbar sein. Wer seinem Schiff nur die Richtung nach dem »uferlosen Ozean« gibt, fertigt schon sein Todesurteil als Philosoph mit eigener Hand aus.

Die wahre Philosophie muß rein immanent sein, d. h. ihr Stoff sowohl, als ihre Grenze muß die Welt sein. Sie muß die Welt aus Prinzipien, welche in derselben von jedem Menschen erkannt werden können, erklären und darf weder außerweltliche Mächte, von denen man absolut nichts wissen kann, noch Mächte in der Welt, welche jedoch ihrem Wesen nach nicht zu erkennen wären, zu Hilfe rufen.

Die wahre Philosophie darf ferner das erkennende Subjekt nicht überspringen und von den Dingen reden, als ob dieselben, unabhängig von einem Auge, das sie sieht, einer Hand, die sie fühlt, genau ebenso seien, wie das Auge sie sieht, die Hand sie fühlt.

Das Individuum verlangt, lauter als jemals, Wiederherstellung seines zerrissenen und zertretenen, aber unverlierbaren Rechts.

Das vorliegende Werk ist der erste Versuch, es ihm voll und ganz zu geben.

Die Philosophie der Erlösung ist Fortsetzung der Lehren Kants und Schopenhauers und Bestätigung des Buddhismus und des reinen Christentums. Jene philosophischen Systeme werden von ihr berichtigt und ergänzt, diese Religionen von ihr mit der Wissenschaft versöhnt.

Sie gründet den Atheismus nicht auf irgend einen

Glauben, wie diese Religionen, sondern, als Philosophie, auf das Wissen, und ist deshalb der Atheismus von ihr zum ersten Male wissenschaftlich begründet worden.

Er wird auch in das Wissen der Menschheit übergehen; denn dieselbe ist reif für ihn: sie ist mündig geworden.

P.M.

I. Über den Ursprung der Welt

Wir haben ein einziges Wunder: die Entstehung der Welt. Die Welt selbst ist weder wunderbar, noch irgend eine Erscheinung in ihr. Auch widerspricht keine einzige Aktion in ihr den Denkgesetzen.

Wir können auf immanentem Gebiet, in dieser Welt, niemals über die Vielheit hinaus. Selbst in der Vergangenheit dürfen wir, als redliche Forscher, die Vielheit nicht vernichten und müssen wenigstens bei der logischen Zweiheit stehen bleiben.

Dennoch läßt sich die Vernunft nicht abhalten, immer und immer wieder auf die Notwendigkeit einer einfachen Einheit hinzuweisen. Ihr Argument lautet, daß für sie alle Kräfte, die wir getrennt halten, als Kräfte, auf tiefstem Grunde wesensgleich seien und deshalb nicht getrennt werden dürften.

Was ist in diesem Dilemma zu tun? So viel ist klar: die Wahrheit darf nicht verleugnet und das immanente Gebiet muß in seiner vollen Reinheit erhalten werden. Es gibt nur einen Ausweg. In der Vergangenheit befinden wir uns bereits. So lassen wir denn die letzten Kräfte, die wir nicht anrühren durften, wenn wir nicht Phantasten werden wollten, auf transzendentem Gebiete zusammenfließen. Es ist ein vergangenes, gewesenes, untergegangenes Gebiet, und mit ihm ist auch die einfache Einheit vergangen und untergegangen.

Indem wir die Vielheit zu einer Einheit verschmolzen, haben wir vor allem die Kraft zerstört; denn die Kraft hat nur Gültigkeit und Bedeutung auf immanentem Gebiete, in der Welt. Schon hieraus ergibt sich, daß wir uns von dem Wesen einer vorweltlichen Einheit keine Vorstellung, geschweige einen Begriff, bilden können. Ganz klar aber wird die totale Unerkennbarkeit dieser vorweltlichen Einheit, wenn wir alle apriorischen Funktionen und Formen und alle *a posteriori* gewonnenen Verbindungen unseres Geistes, nacheinander, vor sie hinführen. Sie ist das Medusenhaupt, vor dem sie alle erstarren.

Zunächst versagen die Sinne den Dienst; denn sie können nur auf die Wirksamkeit einer Kraft reagieren und die Einheit wirkt nicht als Kraft. Dann bleibt der Verstand vollkommen untätig. Hier, ja im Grunde nur hier, hat die Redensart: der Verstand steht still, volle Gültigkeit. Weder kann er sein Kausalitätsgesetz anwenden, da kein Sinneseindruck vorhanden ist, noch kann er seine Formen Raum und Materie benutzen, denn es fehlt ein Inhalt für diese Formen. Dann sinkt die Vernunft ohnmächtig zusammen. Was soll sie verbinden? Was nützt ihr die Synthesis? Was ihre Form, die Gegenwart, welcher der reale Punkt der Bewegung fehlt? Was frommt ihr die Zeit, die, um überhaupt etwas zu sein, der realen Sukzession als Unterlage bedarf? Was soll sie der einfachen Einheit gegenüber mit der allgemeinen Kausalität anfangen, deren Aufgabe es ist, die Wirksamkeit eines Dinges an sich, als Ursache, mit der Einwirkung auf ein anderes, als Wirkung zu verknüpfen? Kann sie die wichtige Verbindung Gemeinschaft da gebrauchen, wo eine gleichzeitige Verhakung verschiedener Kräfte, ein dynamischer Zusammenhang, nicht vorhanden ist, sondern wo eine einfache Einheit die unergründlichen Sphinxaugen auf sie richtet? Was soll schließlich die Substanz nützen, die nur das ideale Substrat der verschiedenartigen Wirksamkeit vieler Kräfte ist?

Und so erlahmen sie alle!

Wir können mithin die einfache Einheit nur negativ bestimmen und zwar, auf unserem jetzigen Standpunkte, als: untätig, ausdehnungslos, unterschiedslos, unzersplittert (einfach), bewegungslos, zeitlos (ewig).

Aber vergessen wir nicht und halten wir recht fest, daß diese rätselhafte, schlechterdings unerkennbare einfache Einheit mit ihrem transzendenten Gebiete untergegangen ist und nicht mehr existiert.

Das transzendente Gebiet ist tatsächlich nicht mehr vorhanden. Gehen wir aber mit der Einbildungskraft in die Vergangenheit zurück bis zum Anfang des immanenten Gebietes, so können wir bildlich das transzendente neben das immanente Gebiet stellen. Doch trennt alsdann beide eine Kluft, die nie, durch kein Mittel des Geistes überschritten werden kann. Nur ein einziges dünnes Fädchen überbrückt den bodenlosen Abgrund: es ist die Existenz. Wir können auf diesem dünnen Fädchen alle Kräfte des immanenten Gebietes auf das transzendente hinüber schaffen: diese Last kann es tragen. Aber sobald die Kräfte auf dem jenseitigen Felde angekommen sind, hören sie auch auf, für menschliches Denken Kräfte zu sein.

Das auf immanentem Gebiete uns so bekannte, so intime eine Grundprinzip, der Wille, und das ihm untergeordnete, sekundäre, uns gleichfalls so intime Prinzip, der Geist, verlieren, wie die Kraft, sobald wir sie auf das transzendente Gebiet übertreten lassen, alle und jede Bedeutung für uns. Sie büßen ihre Natur völlig ein und entziehen sich ganz unserer Erkenntnis.

So sind wir denn zu der Erklärung gezwungen, daß die einfache Einheit weder Wille, noch Geist, noch ein eigentümliches Ineinander von Willen und Geist war. Auf diese

Weise verlieren wir die letzten Anhaltspunkte. Umsonst drücken wir auf die Federn unseres kunstreichen, wundervollen Apparats für die Erkenntnis der Außenwelt: Sinne, Verstand, Vernunft, erlahmen. Vergeblich halten wir die in uns, im Selbstbewußtsein, gefundenen Prinzipien, Willen und Geist, als Spiegel dem rätselhaften unsichtbaren Wesen auf der jenseitigen Höhe der Kluft entgegen, hoffend, es werde sich in ihnen offenbaren: sie strahlen kein Bildnis zurück. Aber jetzt haben wir auch das Recht, diesem Wesen den bekannten Namen zu geben, der von jeher das bezeichnete, was keine Vorstellungskraft, kein Flug der kühnsten Phantasie, kein abstraktes noch so tiefes Denken, kein gesammeltes, andachtsvolles Gemüt, kein entzückter, erdentrückter Geist je erreicht hat: *Gott*.

Aber diese einfache Einheit ist gewesen; sie ist nicht mehr. Sie hat sich, ihr Wesen verändernd, voll und ganz zu einer Welt der Vielheit zersplittert. Gott ist gestorben und sein Tod war das Leben der Welt.

Hierin liegen für den besonnenen Denker zwei Wahrheiten, die den Geist tief befriedigen und das Herz erheben. Wir haben erstens ein reines immanentes Gebiet, in oder hinter oder über welchem keine Kraft wohnt, man nenne sie, wie man wolle, die, wie der verborgene Direktor eines Puppentheaters die Puppen, die Individuen bald dieses, bald jenes tun lasse. Dann erhebt uns die Wahrheit, daß alles, was ist, vor der Welt in Gott existierte. Wir existierten in ihm: kein anderes Wort dürfen wir gebrauchen. Wollten wir sagen: wir lebten und webten in ihm, so würde dies falsch sein, denn wir würden Tätigkeiten der Dinge dieser Welt auf ein Wesen übertragen, das total untätig und bewegungslos war.

Ferner sind wir nicht mehr in Gott; denn die einfache Einheit ist zerstört und tot. Dagegen sind wir in einer Welt der Vielheit, deren Individuen zu einer festen Kollektiv-Einheit verbunden sind.

Das Schöne ist der Reflex aus dem vorweltlichen Dasein, das Gute der kühle Schatten, den das nachweltliche Nirwana in den »schwülen Tag« des Lebens vorauswirft.

Aus der ursprünglichen Einheit haben wir bereits auf das zwangloseste den dynamischen Zusammenhang des Weltalls abgeleitet. Auf gleiche Weise leiten wir jetzt aus ihr die Zweckmäßigkeit in der Welt ab, die kein Vernünftiger leugnen wird. Wir bleiben vor dem Zerfall der Einheit in die Vielheit stehen, ohne jetzt darüber zu grübeln, warum und wie er sich vollzog. Die Tatsache genügt. Der Zerfall war die Tat einer einfachen Einheit, ihre erste und letzte, ihre einzige Tat. Jeder gegenwärtige Wille erhielt Wesen und Bewegung in dieser einheitlichen Tat, und deshalb greift alles in der Welt ineinander: sie ist durchgängig zweckmäßig veranlagt.

Schließlich leiten wir indirekt aus der ursprünglichen Einheit und direkt aus der ersten Bewegung den Entwicklungsgang des Weltalls ab. Der Zerfall in die Vielheit war die erste Bewegung, und alle Bewegungen, die ihr folgten, sie mögen noch so weit auseinandertreten, sich verschlingen, scheinbar verwirren und sich wieder entwirren, sind nur ihre Fortsetzungen. Die immer und immer, kontinuierlich, aus den Handlungen sämtlicher in dynamischem Zusammenhang stehenden Individuen resultierende eine Bewegung der Welt ist das Schicksal des Weltalls.

Es wurde also Gott zur Welt, deren Individuen in durchgängiger Wechselwirkung stehen. Da nun aber der dynamische Zusammenhang darin besteht, daß jeder individuelle Wille auf das Ganze wirkt und die Wirksamkeit des Ganzen erfährt, Wirksamkeit aber Bewegung ist, so ist das Schicksal nichts anderes, als das Werden der Welt, die Bewegung der orphischen Konjunktur, die Resultierende aus allen Einzelbewegungen.

Die einfache Einheit existierte: mehr können wir von ihr in keiner Weise prädizieren. Welcher Art diese Existenz, dieses Sein, war, ist uns ganz verhüllt. Wollen wir es dennoch näher bestimmen, so müssen wir wieder zur Negation unsere Zuflucht nehmen und aussagen, daß es keine Ähnlichkeit mit irgend einem uns bekannten Sein hat, denn alles Sein, das wir kennen, ist bewegtes Sein, ist ein Werden, während die einfache Einheit bewegungslos, in absoluter Ruhe, war. Ihr Sein war Übersein.

Unsere positive Erkenntnis, daß die einfache Einheit existiert, bleibt dadurch völlig unberührt; denn die Negation trifft nicht die Existenz an sich, sondern nur die Art der Existenz, welche wir uns nicht faßlich machen können.

Aus dieser positiven Erkenntis, daß die einfache Einheit existierte, fließt nun von selbst die andere, sehr wichtige, daß die einfache Einheit auch ein bestimmtes Wesen haben mußte, denn jede Existentia setzt eine Essentia, und es ist schlechterdings undenkbar, daß eine vorweltliche Einheit existiert habe, aber an sich wesenlos, d. h. Nichts gewesen sei.

Aber von dem Wesen, der Essentia Gottes, können wir uns, wie von seiner Existentia, auch nicht die allergeringste Vorstellung machen. Alles, was wir in der Welt als Wesen der Einzeldinge erfassen und erkennen, ist untrennbar mit der Bewegung verbunden, und Gott ruhte.

Wollen wir dennoch sein Wesen bestimmen, so kann dies nur negativ geschehen, und wir müssen aussagen, daß das Wesen Gottes ein für uns unfaßbares, aber in sich ganz bestimmtes Überwesen war.

Auch unsere positive Erkenntnis, daß die einfache Einheit ein bestimmtes Wesen hatte, bleibt durch diese Negation ganz unberührt.

Soweit ist alles klar. Aber es scheint auch, als ob die menschliche Weisheit hier ein Ende habe und der Zerfall der Einheit in die Vielheit schlechterdings unergründlich sei.

Wir stehen indessen nicht ganz hilflos da. Wir haben eben den Zerfall der Einheit in die Vielheit, den Übergang des transzendenten Gebietes in das immanente, den Tod Gottes und die Geburt der Welt. Wir stehen vor einer Tat, der ersten und einzigen Tat der einfachen Einheit. Auf das transzendente Gebiet folgte das immanente, es ist etwas geworden, was vorher nicht gewesen ist: sollte hier nicht die Möglichkeit vorliegen, die Tat selbst zu ergründen, ohne phantastisch zu werden und uns in elenden Träumereien zu ergehen? Wir wollen recht vorsichtig sein.

Allerdings stehen wir vor einem Vorgang, den wir nicht anders auffassen können, denn als eine Tat; auch sind wir durchaus berechtigt, denselben so zu nennen, denn wir stehen ja noch ganz auf immanentem Gebiete, das nichts anderes, als eben diese Tat ist.

Fragen wir jedoch nach den Faktoren, welche diese Tat hervorbrachten, so verlassen wir das immanente Gebiet und befinden uns auf dem »uferlosen Ozean« des transzendenten, welcher uns verboten ist, deshalb verboten, weil alle unsere Erkenntnisvermögen auf ihm erlahmen.

Auf immanentem Gebiete, in der Welt sind uns die Faktoren (an sich) irgendeiner Tat immer bekannt: wir haben stets einerseits einen individuellen Willen von ganz bestimmtem Charakter und andererseits ein zureichendes Motiv. Wollten wir nun diese unumstößliche Tatsache in der vorliegenden Frage benutzen, so müßten wir einfach die Welt als eine Tat bezeichnen, welche einem göttlichen Willen und einer göttlichen Intelligenz entsprungen ist, d.h. wir würden uns in vollständigen Widerspruch mit den Ergebnissen der immanenten Philosophie setzen; denn wir haben gefunden, daß die einfache Einheit weder Wille, noch Geist, noch ein Ineinander von Willen und Geist war; oder, mit Worten Kants, wir würden immanente Prinzipien, auf die willkürlichste und sophistischeste Weise, zu konstitutiven auf transzendentem Gebiete machen, welches toto genere vom immanenten verschieden ist.

Aber hier öffnet sich uns auch mit einem Male ein Ausweg, den wir ohne Bedenken betreten dürfen.

Wir stehen, wie gesagt, vor einer Tat der einfachen Einheit. Wollten wir diese Tat schlechthin einen motivierten Willensakt nennen, wie alle uns bekannten Taten in der Welt, so würden wir unserem Berufe untreu werden, die Wahrheit verraten und einfältige Träumer sein; denn wir dürfen Gott weder Willen, noch Geist zusprechen. Die immanenten Prinzipien, Wille und Geist, können schlechterdings nicht auf das vorweltliche Wesen übertragen werden, wir dürfen sie nicht zu konstitutiven Prinzipien für die Ableitung der Tat machen.

Dagegen dürfen wir dieselben zu regulativen Prinzipien für »die bloße Beurteilung« der Tat machen, d.h. wir dürfen uns die Entstehung der Welt dadurch zu erklären versuchen, daß wir sie auffassen, als ob sie ein motivierter Willensakt gewesen sei.

Der Unterschied springt sofort in die Augen.

Im letzteren Falle urteilen wir nur problematisch, nach Analogie mit den Taten in dieser Welt, ohne über das Wesen Gottes irgendein apodiktisches Urteil, in toller Anmaßung, abzugeben. Im ersteren Falle dagegen wird ohne weiteres behauptet, das Wesen Gottes sei, wie das des Menschen, eine untrennbare Verbindung von Willen und Geist gewesen. Ob man dies sagt, oder sich verschleiert ausdrückt und den Willen Gottes potentia-Willen, ruhenden, untätigen Willen, den Geist Gottes potentia-Geist, ruhenden, untätigen Geist nennt – immer schlägt man den Resultaten redlicher Forschung ins Gesicht: denn mit dem Willen ist die Bewegung gesetzt und der Geist ist ausgeschiedener Wille mit einer besonderen Bewegung. Ein ruhender Wille ist eine contradictio in adjecto und trägt das Brandmal des logischen Widerspruchs.

Wir betreten demnach keinen verbotenen Weg, wenn wir die Tat Gottes auffassen, als ob sie ein motivierter Willensakt gewesen sei, und mithin dem Wesen Gottes vorübergehend, lediglich zur Beurteilung der Tat, Willen und Geist zusprechen.

Daß wir ihm Willen und Geist zusprechen müssen, und nicht Willen allein, ist klar, denn Gott war in absoluter Einsamkeit, und nichts existierte neben ihm. Von außen konnte er mithin nicht motiviert werden, sondern nur durch sich selbst. In seinem Selbstbewußtsein spiegelte sich nur sein Wesen und dessen Existenz, nichts weiter.

Hieraus ergibt sich mit logischem Zwang, daß die Freiheit Gottes (das liberum arbitrium indifferentiae) sich nur in einer einzigen Wahl geltend machen konnte: nämlich entweder zu bleiben, wie er war, oder nicht zu sein. Wohl hatte er auch die Freiheit, anders zu sein, aber nach allen Richtungen dieses Andersseins mußte die Freiheit latent bleiben, weil wir uns kein vollkommeneres und besseres Sein denken können, als das einer einfachen Einheit.

Es war mithin Gott nur eine einzige Tat möglich, und zwar eine freie Tat, weil er unter keinerlei Zwang stand, weil er sie ebenso gut unterlassen, wie ausführen konnte, nämlich einzugehen in das absolute Nichts, in das nihil negativum, d. h. sich vollständig zu vernichten, zu existieren aufzuhören.

Wenn nun dies seine einzig mögliche Tat war und wir dagegen vor einer ganz anderen Tat, der Welt, stehen, deren Sein ein beständiges Werden ist, so wirft sich uns die Frage entgegen: warum zerfloß nicht Gott, wenn er das Nichtsein wollte, sofort in Nichts? Ihr müßt Gott Allmacht zusprechen, denn seine Macht war durch nichts beschränkt; folglich, wenn er nicht sein wollte, so mußte er auch sofort vernichtet sein. Anstatt dessen entstand eine Welt der Vielheit, eine Welt des Kampfes. Dies ist ein offenbarer Widerspruch. Wie wollt ihr ihn lösen?

Hierauf ist zunächst zu erwidern: Es ist allerdings einerseits logisch feststehend, daß der einfachen Einheit nur eine einzige Tat möglich war: sich vollständig zu vernichten; andererseits beweist die Welt, daß diese Tat nicht stattfand. Aber dieser Widerspruch kann nur ein scheinbarer sein. Beide Taten; die logisch allein mögliche und die wirkliche, müssen auf ihrem Grunde zu vereinigen sein. Wie aber?

Es ist klar, daß sie nur dann zu vereinigen sind, wenn

nachgewiesen werden kann, daß durch irgendein Hindernis die sofortige Vernichtung Gottes unmöglich war.

Wir haben also das Hindernis zu suchen.

In der obigen Frage hieß es: »ihr müßt Gott Allmacht zusprechen, denn seine Macht war durch nichts beschränkt.« Dieser Satz aber ist in seiner Allgemeinheit falsch. Gott existierte allein in absoluter Einsamkeit, und es ist folglich richtig, daß er durch nichts außer ihm Befindliches beschränkt war; seine Macht war also in dem Sinne eine Allmacht, als nichts außer ihm Liegendes sie beschränkte. Aber sie war keine Allmacht seiner eigenen Macht gegenüber, oder mit anderen Worten, seine Macht war nicht durch sich selbst zu vernichten, die einfache Einheit konnte nicht durch sich selbst aufhören zu existieren.

Gott hatte die Freiheit, zu sein wie er wollte, aber er war nicht frei von seinem bestimmten Wesen. Gott hatte die Allmacht, seinen Willen, irgendwie zu sein, auszuführen; aber er hatte nicht die Macht, gleich nicht zu sein.

Die einfache Einheit hatte die Macht, in irgendeiner Weise anders zu sein, als sie war, aber sie hatte nicht die Macht, plötzlich gar nicht zu sein. Im ersteren Falle verblieb sie im Sein, im letzteren Falle sollte sie nicht sein: da war sie sich aber selbst im Wege; denn wenn wir auch nicht das Wesen Gottes ergründen können, so wissen wir doch, daß es ein bestimmtes Überwesen war, und dieses bestimmte Überwesen, in einem bestimmten Übersein ruhend, konnte nicht durch sich selbst, als einfache Einheit, nicht sein. Dies war das Hindernis.

Die Theologen aller Zeiten haben unbedenklich Gott das Prädikat der Allmacht gegeben, d.h. sie legten ihm die Macht bei, alles, was er wollte, ausführen zu können.

Keiner jedoch dachte hierbei an die Möglichkeit, daß Gott auch wollen könne, selbst zu Nichts zu werden. Diese Möglichkeit hat keiner je erwogen. Erwägt man sie aber ernstlich, so sieht man, daß in diesem einzigen Falle Gottes Allmacht, eben durch sich selbst, beschränkt, daß sie keine Allmacht sich selbst gegenüber war.

Die eine Tat Gottes, der Zerfall in die Vielfalt, stellt sich hiernach dar: als die Ausführung der logischen Tat, des Entschlusses nicht zu sein, oder mit anderen Worten: die Welt ist das Mittel zum Zwecke des Nichtseins, und zwar ist die Welt das einzig mögliche Mittel zum Zwecke. Gott erkannte, daß er nur durch das Werden einer realen Welt der Vielheit, nur über das immanente Gebiet, die Welt, aus dem Übersein in das Nichtsein treten könne.

Wäre es übrigens nicht klar, daß das Wesen Gottes das Hindernis für ihn war, sofort in Nichts zu zerfließen, so könnte uns die Unkenntnis des Hindernisses in keiner Weise beunruhigen. Wir müßten dann ein unerkennbares Hindernis auf transzendentem Gebiete einfach postulieren; denn es wird sich im weiteren, auf rein immanentem Gebiete, vollkommen überzeugend für jeden ergeben, daß sich das Weltall tatsächlich aus dem Sein in das Nichtsein bewegt. –

Die Fragen, welche man hier noch aufwerfen könnte, nämlich warum Gott nicht früher das Nichtsein wollte, und warum er überhaupt das Nichtsein dem Übersein vorgezogen hat, sind ohne alle Bedeutung; denn was die erstere betrifft, so ist »früher« ein Zeitbegriff, der in der Ewigkeit ohne allen und jeden Sinn ist, und die letztere beantwortet die Tatsache der Welt genügend. Es muß wohl das Nichtsein vor dem Übersein den Vorzug verdient haben, sonst würde es Gott in seiner vollkommenen

Weisheit nicht erwählt haben. Und dies um so mehr, wenn man die Qualen der uns bekannten höheren Ideen, der uns am nächsten stehenden Tiere und der Menschen erwägt, mit welchen Qualen das Nichtsein allein erkauft werden kann.

Wir haben nur vorübergehend Willen und Geist dem Wesen Gottes beigelegt und die Tat Gottes aufgefaßt, als ob sie ein motivierter Willensakt gewesen sei, um ein regulatives Prinzip zur bloßen Beurteilung der Tat zu gewinnen. Wir sind auch auf diesem Wege zum Ziele gelangt, und die spekulative Vernunft darf zufrieden sein.

Wir dürfen jedoch unseren eigentümlichen Standpunkt zwischen immanentem und transzendentem Gebiete (wir hängen am dünnen Fädchen der Existenz über dem bodenlosen Abgrund, der beide Gebiete trennt) nicht eher verlassen, um die feste Welt, den sicheren Boden der Erfahrung, wieder zu betreten, als bis wir nochmals laut erklärt haben, daß das Wesen Gottes weder eine Verbindung von Willen und Geist, wie das des Menschen, noch ein Ineinander von Willen und Geist gewesen ist. Den wahren Ursprung der Welt wird deshalb nie ein menschlicher Geist ergründen können. Das einzige, was wir tun können und dürfen – von welcher Befugnis wir auch Gebrauch gemacht haben – ist, uns den göttlichen Akt nach Analogie mit den Taten in der Welt zu erschließen, aber immer eingedenk der Tatsache und sie nie aus den Augen verlierend, daß

> *wir durch einen Spiegel in einem dunklen Wort sehen* 1. Kor. 13.

und uns nach unserer Fassungsgabe stückweise einen Akt zurechtlegen, der, als einheitlicher Akt einer einfachen Einheit, nie vom menschlichen Geiste erfaßt werden kann.

Das Resultat der stückweisen Zusammensetzung befriedigt jedoch. Vergessen wir auch nicht, daß wir gleichfalls befriedigt sein könnten, wenn es uns verwehrt wäre, die göttliche Tat dunkel zu spiegeln; denn das transzendente Gebiet und seine einfache Einheit ist spurlos verschwunden in unserer Welt, in welcher nur individuelle Willen existieren und neben oder hinter welcher nichts mehr existiert, gerade so wie vor der Welt nur die einfache Einheit existierte. Und diese Welt ist so reich, sie antwortet, redlich befragt, so deutlich und klar, daß der besonnene Denker sich leichten Herzens vom »uferlosen Ozean« abwendet und freudig seine ganze geistige Kraft dem göttlichen Akt, dem Buche der Natur, widmet, das zu jeder Zeit offen vor ihm liegt.

Ehe wir weitergehen, wollen wir die Resultate zusammenfassen:

1. Gott wollte das Nichtsein;
2. sein Wesen war das Hindernis für den sofortigen Eintritt in das Nichtsein;
3. das Wesen mußte zerfallen in eine Welt der Vielheit, deren Einzelwesen alle das Streben nach dem Nichtsein haben;
4. in diesem Streben hindern sie sich gegenseitig, sie kämpfen miteinander und schwächen auf diese Weise ihre Kraft;
5. das ganze Wesen Gottes ging in die Welt über in veränderter Form, als eine bestimmte Kraftsumme;
6. die ganze Welt, das Weltall, hat Ein Ziel, das Nicht-

sein, und erreicht es durch kontinuierliche Schwächung seiner Kraftsumme;

7. jedes Individuum wird, durch Schwächung seiner Kraft, in seinem Entwicklungsgang bis zu dem Punkte gebracht, wo sein Streben nach Vernichtung erfüllt werden kann.

Ich habe in meinem Werk ein einziges Wunder: die Entstehung der Welt gelehrt und habe diesem Wunder dann alles Anstößige genommen. Dadurch ist die Welt selbst wunderlos geworden: sie ist durchgängig zweckmäßig geworden, ohne daß eine einfache Einheit hinter ihr oder in ihr säße und alle jene wunderbaren Handlungen hervorbrächte, von denen man uns so gemütvoll erzählt.

II. Das universale Gesetz der Schwächung der Kraft

Der Streit ist der Vater aller Dinge, sagte Heraklit. Ich füge hinzu: Es kann gar nicht Reibung genug in der Welt sein.

Die Bewegung des Weltalls ist die Bewegung aus dem Übersein in das Nichtsein. Die Welt aber ist der Zerfall in die Vielheit, d.h. in egoistische, gegeneinander gerichtete Individualitäten. Nur in diesem Kampf von Wesen, die vorher eine einfache Einheit waren, kann das ursprüngliche Wesen selbst zerstört werden. Der Zerfall war die erste Tat, der Anfang der gedachten Bewegung, und es bleibt dabei, daß die Welt und ihre Beschaffenheit anzuknüpfen ist an das einzige Ende, das aus dem transzendenten Gebiet auf das immanente herüberragt: die mit einer Essentia verbundene Existenz. Diese Essentia machte den Prozeß nötig, sonst würde er überflüssig sein.

Die Weltbewegung ist also, in Beziehung auf den ersten Zerfall in die Vielheit, Bewegung aus dem für uns unbegreiflichen Ursein, d.h. relativen Sein, durch das wirkliche Sein in das absolute Nichtsein. Und zwar konnte diese Bewegung keine andere sein. Sie mußte so sein wie sie ist: nicht im Wesen anders, nicht länger, nicht kürzer.

Die erste Bewegung und die Entstehung der Welt sind ein und dasselbe. Die Umwandlung der einfachen Einheit in die Welt der Vielheit, der Übergang des transzendenten in das immanente Gebiet, war eben die erste Bewegung. Alle folgenden Bewegungen waren nur Fortsetzungen dieser ersten, d.h. sie konnten nichts anderes sein, als wieder Zerfall oder weitere Zersplitterung der Ideen.

Dieser weitere Zerfall konnte sich in den ersten Perioden der Welt nur äußern durch reale Teilung der einfachen Stoffe und durch Verbindungen. Jede einfache chemische Kraft hatte die Sucht, ihre Individualität zu erweitern, d.h. ihre Bewegung zu ändern, stieß aber bei jeder anderen auf dieselbe Sucht, und so entstanden die furchtbarsten Kämpfe der Ideen gegeneinander im heftigsten, aufgeregtesten Zustande. Das Resultat war immer eine chemische Verbindung, d.h. der Sieg der stärkeren über eine schwächere Kraft und der Eintritt der neuen Idee in den unaufhörlichen Kampf. Das Bestreben der Verbindung war zunächst darauf gerichtet, sich zu erhalten, dann, wenn möglich, ihre Individualität wieder zu erweitern. Aber beiden Bestrebungen traten von allen Seiten andere Ideen entgegen, um zunächst die Verbindung zu lösen, dann um sich mit den getrennten Ideen zu verbinden.

Im Fortgang dieses unaufhörlichen Streits der unvergänglichen Ideen, die allen Verbindungen zugrunde lagen, bildeten sich Weltkörper, von denen unsere Erde allmählich reif wurde für das organische Leben. Unterbrechen wir hier die Entwicklung und nehmen die vorhandenen Individuen und ihre Zustände als endgültige Produkte, so zwingt sich uns sofort die Frage auf: Was ist geschehen? Sämtliche Ideen aus denen unsere Erde damals zusammengesetzt war, waren im feurigen Urnebel, von dem die Kant-Laplace'sche Theorie ausgeht. Dort wilder Kampf von Gasen, Dämpfen, das Chaos, hier ein geschlossener Weltkörper mit einer festen Kruste, deren

Vertiefungen ein heißes Meer ausfüllte, und über allem eine dampfige, dunstige, kohlensäurehaltige Atmosphäre.

Was ist geschehen? oder besser: Sind die individuellen Willen, aus denen diese dem Werden enthobene Erde zusammengesetzt ist, dieselben, welche im feurigen Urnebel rotierten? Gewiß! Der genetische Zusammenhang ist vorhanden. Aber ist das Wesen irgendeiner Individualität noch dasselbe, das es am Anfang der Welt war? Nein! es hat sich verändert. Seine Kraft hat an Intensität verloren: es ist schwächer geworden.

Dies ist die große Wahrheit, welche die Geologie lehrt. Ein Gas ist, seinem innersten Wesen, seinem Triebe nach, stärker als eine Flüssigkeit und diese stärker als ein fester Körper. Vergessen wir nicht, daß die Welt eine endliche Kraftsphäre hat, und daß deshalb irgendeine Idee, deren Intensität nachläßt, nicht wieder gestärkt werden kann, ohne daß eine andere Idee an Kraft verlöre. Eine Stärkung ist allerdings möglich, aber stets auf Kosten einer anderen Kraft, oder mit anderen Worten, wenn, im Kampfe der unorganischen Ideen, eine derselben geschwächt wird, so ist die im Weltall objektivierte Kraftsumme geschwächt, und für diesen Ausfall gibt es keinen Ersatz, weil eben die Welt endlich ist und mit einer bestimmten Kraft in das Dasein trat.

Wenn wir also annehmen, daß unsere Erde einmal berste, wie der Planet zwischen Mars und Jupiter auseinandergebrochen ist, so kann allerdings die ganze feste Erdkruste wieder schmelzen und alle Flüssigkeit zu Dampf werden, aber auf Kosten der Ideen, welche die Reize hierzu abgeben. Trotzdem also die Erde in den intensiveren Zustand, dem Scheine nach, durch eine solche Revolution zurückgeworfen wird, so ist sie doch im ganzen, als eine bestimmte Kraftsumme, schwächer geworden.

Und wenn heute die gewaltigen Prozesse auf der Sonne aufhören und alle Körper unseres Sonnensystems sich dadurch wieder mit der Sonne vereinigen, und Sonne und Planeten in einem ungeheuren Weltbrande auflodern, so sind, dem Scheine nach, allerdings die das Sonnensystem konstituierenden Kräfte in einen erregteren Zustand übergegangen, aber auf Kosten der Gesamtkraft, die in unserem Sonnensystem enthalten ist.

Nicht anders ist es noch jetzt im unorganischen Reich. Die Ideen kämpfen unaufhörlich miteinander. Es entstehen ohne Unterbrechung neue Verbindungen, und diese werden wieder gewaltsam getrennt, aber die getrennten Kräfte vereinigen sich alsbald mit anderen, teils zwingend, teils gezwungen. Und das Resultat ist auch hier Schwächung der Kraft, obgleich dasselbe, der langsamen Entwicklung wegen, nicht offen zu Tage liegt, und der Wahrnehmung entschlüpft.

Im organischen Reich herrschte, vom Augenblick seiner Entstehung an und herrscht immerfort, als Fortsetzung der ersten Bewegung, der Zerfall in die Vielheit. Das Streben jedes Organismus ist lediglich darauf gerichtet, sich im Dasein zu erhalten, und, diesem Triebe folgend, kämpft er um seine individuelle Existenz einerseits, andererseits sorgt er, vermittels der Zeugung, für seine Erhaltung nach dem Tode.

Daß diese wachsende Zersplitterung einerseits und der dadurch immer intensiver und entsetzlicher werdende Kampf um das Dasein andererseits dasselbe Resultat haben müssen, wie der Kampf im unorganischen Reich, nämlich Schwächung der Individuen, ist klar. Hiergegen spricht nur scheinbar die Tatsache, daß das im weitesten Sinne stärkste Individuum im Kampfe ums Dasein Sieger bleibt und das schwächere unterliegt; denn wohl siegt gewöhnlich immer das stärkere, aber in jeder neuen Generation sind die stärkeren Individuen weniger stark, die schwächeren schwächer als in der vorhergehenden.

Wie die Geologie für das unorganische Reich, so ist die Paläontologie für das organische die wichtige Urkunde, aus der, über jeden Zweifel erhaben, die Wahrheit geschöpft wird, daß im Kampfe ums Dasein die Individuen sich zwar vervollkommnen und immer höhere Stufen der Organisation erklimmen, aber dabei schwächer werden. Diese Wahrheit drängt sich jedem auf, der die Urkunde durchblättert und dabei Vergleiche anstellt mit unseren gegenwärtigen Pflanzen und Tieren. Die Urkunde kann dies nur lehren, weil sie über außerordentlich lange Entwicklungsreihen oder, ins Subjektive übersetzt, über die Veränderungen in unerfaßbar langen Zeiträumen berichtet, weil sie Endglieder an Anfangsglieder von sehr großen Reihen halten und dadurch den Unterschied augenfällig machen kann.

Die Schwächung direkt zu beobachten, ist nicht möglich. Und dennoch läßt sich der Beweis für die Schwächung der Organismen, auch ohne in die Urwelt einzudringen und die Paläontologie zu Hilfe zu rufen, erbringen, – aber nur in der Politik, wie wir sehen werden. In der Physik können wir den direkten Beweis nicht liefern und müssen uns damit begnügen, auf indirektem Wege, in der steinernen Urkunde der Erdrinde, das große Gesetz der Schwächung der Organismen gefunden zu haben.

So sehen wir im organischen Reich, wie im unorganischen, eine Grundbewegung: Zerfall in die Vielheit, und hier wie dort, als erste Folge, den Streit, den Kampf, den Krieg und, als zweite Folge, die Schwächung der Kraft. Aber sowohl der Zerfall in die Vielheit, als die beiden Folgen desselben, sind im organischen Reich in jeder Beziehung größer als im unorganischen.

Wir haben gesehen, daß ein einziges großes Gesetz die Natur von Anfang an beherrschte, beherrscht und beherrschen wird bis zu ihrer Vernichtung: das Gesetz der Schwächung der Kraft. Die Natur wird alt. Wer von einer éternelle (!) jeunesse, einer »ewigen« Jugend der Natur spricht (möchte man doch wenigstens, logisch richtig sich ausdrückend, »endlos« sagen!), urteilt wie der Blinde von Farben und steht auf der untersten Stufe der Erkenntnis.

Unter der Herrschaft dieses großen Gesetzes steht alles in der Welt, mithin auch der Mensch. Er ist im tiefsten Grunde Wille zum Tode, weil die seinen Typus konstituierenden und ihn, durch Ein- und Austritt, erhaltenden chemischen Ideen den Tod wollen. Aber da sie ihn nur durch Schwächung erlangen können und es kein wirksameres Mittel hierzu gibt, als das Wollen des Lebens, so tritt das Mittel dämonisch vor den Zweck, das Leben vor den Tod, und es zeigt sich der Mensch als reiner Wille zum Leben.

Indem er sich nun einzig und allein dem Leben hingibt, immer hungrig und begierdevoll nach Leben, handelt er im Interesse der Natur und zugleich in seinem eigenen; denn er schwächt die Kraftsumme des Weltalls und zugleich seinen Typus, seine Individualität, die, eine besondere Idee, halbe Selbstherrlichkeit hat. Er befindet sich auf der Bahn der Erlösung: darüber kann gar kein

Zweifel sein; aber es ist eine lange Bahn, deren Ende nicht sichtbar ist.

Derjenige hingegen, welcher sich mit derselben Notwendigkeit, mit der der rohe Mensch das Leben mit tausend Armen umklammert, vom Leben abwenden mußte, dem durch klare, kalte Erkenntnis der Zweck vor das Mittel, der Tod vor das Leben getreten ist, – handelt gleichfalls im Interesse der Natur und in seinem eigenen; aber er schwächt wirksamer sowohl die Kraftsumme des Alls, als auch seinen Typus, der im Leben die Seligkeit des Herzensfriedens genießt und im Tode die absolute Vernichtung findet, wonach sich alles in der Natur sehnt. Er geht, weitab von der großen Heerstraße der Erlösung, auf dem kurzen Pfad der Erlösung: vor ihm liegt in goldenem Lichte die Höhe, er sieht sie und er wird sie erreichen.

Jener erreicht also, durch die Bejahung des Willens zum Leben, auf einem dunklen, schwülen Wege, wo das Gedränge entsetzlich ist, alles stößt und gestoßen wird, dasselbe Ziel, das dieser, durch die Verneinung des Willens, auf einem hellen, nur am Anfang dornigen und steilen, dann ebenen und herrlichen Pfade, wo kein Gedränge, kein Geschrei, kein Gewimmer ist, erlangt. Aber jener erreicht erst das Ziel nach einer unbestimmbaren Zeit, dabei immer unbefriedigt, sorgenvoll, kummer- und qualvoll, während dieser am Ende seiner individuellen Laufbahn die Hand auf das Ziel legt und auf dem Wege dahin frei von Sorgen, Kummer und Qual ist und im tiefsten Seelenfrieden, in der unerschütterlichsten Heiterkeit lebt.

Jener schleppt sich mühsam weiter, immer gehemmt, voran wollend und nicht voran könnend; diesen tragen gleichsam Engelsscharen empor, und weil er den Blick von der lichten Höhe nicht wenden kann und sich ganz in die Anschauung verliert, so ist er am Ziele, er weiß nicht wie. Erst schien es so weit, nun ist's schon erreicht!

Es wollen also beide dasselbe, und beide erlangen, was sie wollen; der Unterschied zwischen beiden liegt nur in der Art ihrer Bewegung.

Hier sehen wir, daß der Wille mehr als absolut leere Form und unabhängig von der Vorstellung sein muß, d. h. er muß furchtbare blinde Energie, muß eine Kraft sein, die etwas will, die aber dieses Gewollte, eben durch sich selbst gehindert, nicht sofort erreichen kann; und dieses eine Einzige ist der absolute Tod. Alles andere könnte die Kraft sofort erlangen, nur nicht die Vernichtung ihrer selbst.

Deshalb muß diese Kraft durch den Weltprozeß abgetötet werden. Die Energie, d. h. die ihr Ziel in sich, ohne Vorstellung, tragende Kraft (Richtung der Wirksamkeit), dieser Wille zum Tode kommt seinem Ziele immer näher, je mehr er sich schwächt.

Nun ist auf einmal Sinn in der Welt:

Das Gesetz der Schwächung der Kraft ist Weltall-Gesetz. Für die Menschheit heißt es Gesetz des Leidens.

III. Teleologie der Vernichtung

Die einzige Endursache, die der immanente Philosoph zugeben kann, ist das Nichts; jedoch bestimmt er ausdrücklich, daß diese einzige Endursache nur in regulativer Weise aufgestellt werden könne und gebraucht werden dürfe. Man darf deshalb nicht in konstitutiver Weise sagen: Die Welt hat eine Endursache, sondern man muß sagen: die Welt bewegt sich, als ob sie ein Endursache habe.

Die erste blinde bewußtlose Bewegung, welche das Individuum hatte, erhielt es im Zerfall einer unergründlichen, vorweltlichen, einfachen Einheit. In seiner Bewegung lag Trieb zum Ziele und Ziel untrennbar verbunden. Von einer Vorstellung des Zieles in den ersten Individuen der Welt kann gar keine Rede sein. Ihr erster Impuls war alles. Dieser Impuls lebt jetzt noch (jedoch modifiziert durch alles, was inzwischen: von Anfang der Welt bis zu diesem Augenblick, auf das Individuum eingeflossen ist) im unbewußten Dämon jedes Menschen. Deshalb die Unfehlbarkeit, deshalb die Sicherheit des reinen Dämons, resp. des reinen Instinkts im Tiere, des Pflanzentriebs und des Triebs nach einem idealen Mittelpunkt oder nach allen Seiten im unorganischen Reiche. Mit diesem unfehlbaren blinden Trieb wirkt das Bewußtsein im Menschen zusammen. Der Dämon hat sich überhaupt nur ein Gehirn, ein denkendes, fühlendes, anschauendes Organ, welchem das Bewußtsein eigentümlich ist, geschaffen, hat es aus sich heraus geboren, weil er eine raschere, bessere Bewegung zum Ziele, das in ihm ohne Vorstellung liegt, haben wollte.

Diesen Dämon habe ich als Willen zum Tode enthüllt. Wille zum Tode ist im Lichte des Bewußtseins das Wesen des Unbewußten und zwar des individuellen Unbewußten, nicht eines erträumten, erfaselten All-Einen Unbewußten. Der unbewußte individuelle Dämon und der bewußte Geist streben nach dem absoluten Tode, sie kooperieren in diesem Streben, unterstützen sich, helfen sich und werden auch in jedem Menschen, über kurz oder lang, ihr Ziel erreichen, weil der Wille das Leben als Mittel zum Tode will (allmähliche Schwächung der Kraft).

Das ist das echte Unbewußte, das ist die echte Harmonie im Weltall, trotz des Kampflärms, des Gejammers und Gewimmers, trotz der Konflikte in einer und derselben Brust, trotz des Lebenshungers und Lebensdurstes, woraus der Kampf ums Dasein entspringt. In der Welt gibt es nur Individuen. Diese umschlingt aber der Ursprung aus einer einfachen Einheit wie ein Band (dynamischer Zusammenhang der Dinge). Diese Einheit wollte das Nichtsein und deshalb konspiriert alles in der Welt und im Individuum nach dem Nichtsein.

Im unorganischen Reich haben wir Gase, Flüssigkeiten und feste Körper.

Das Gas hat nur ein Streben: nach allen Seiten auseinanderzutreten. Könnte es dieses Streben ungehindert ausüben; so würde es nicht vernichtet, aber immer schwächer und schwächer werden; es würde sich immer mehr der Vernichtung nähern, aber sie nie erreichen, oder: das Gas hat das Streben nach Vernichtung, aber es kann sie nicht erlangen.

In diesem Sinne haben wir uns auch den Zustand der Welt in ihren ersten Perioden zu denken. Die Individuen dehnten, als ein feuriger Urnebel in der schnellsten Rotation, ihre Kraftsphäre, die wir, auf subjektive Weise, räumlich nicht bestimmen können, im absoluten Nichts immer weiter aus, unaufhörlich miteinander kämpfend, bis die Ermattung einzelner so groß wurde, daß sie sich nicht mehr im gasförmigen Zustand erhalten konnten und tropfbar flüssig wurden. Die Physiker sagen: sie verloren im kalten Weltraume einen Teil ihrer Wärme: welche dürftige Erklärung! Sie waren durch ihr Streben selbst und durch den Kampf so geschwächt, daß, wäre ein erkennendes Subjekt gegenwärtig gewesen, es ihr Streben, ihr Wesen, nur noch als Flüssigkeit hätte objektivieren können. –

Die Flüssigkeit hat nur ein Streben: sie will, horizontal nach allen Seiten auseinanderfließend, nach einem idealen, außer ihr liegenden Punkte. Daß aber das Streben nach einem idealen Punkte ein ganz offen liegendes Streben nach dem Nichtsein ist, ist klar; denn jede Flüssigkeit, der es gelänge, das Ziel ihres Strebens zu erreichen, wäre sofort vernichtet.

In den Perioden der Welt, wo sich gasförmige Individuen in flüssige umänderten, begann die Bildung der Welt-Körper. Sämtliche Flüssigkeiten hatten immer nur das Streben nach irgendeinem bestimmten Mittelpunkte, den sie aber nicht erreichen konnten. Fassen wir unser Sonnensystem allein ins Auge, so war eine einzige ungeheure Gaskugel allseitig eingehüllt in ein feurig-flüssiges Meer (ähnlich einer Seifenblase). Jedes Gas im Inneren hatte das Streben, das Meer zu durchbrechen und nach allen Seiten auseinanderzutreten; das Meer dagegen hatte das Streben nach dem Mittelpunkte der Gaskugel. Hieraus resultierte eine außerordentlich große Spannung, ein gewaltiger Druck und Gegendruck, ohne anderes Resultat, als eine allmähliche Schwächung, der individuellen Kräfte, bis sich zuletzt eine feste Schale um das Ganze bildete. –

Jeder feste Körper hat nur ein einziges Streben: nach einem außer ihm liegenden idealen Punkt. Auf unserer Erde ist dieser Punkt der ausdehnungslose Mittelpunkt derselben. Könnte irgend ein fester Körper ungehindert bis zum Mittelpunkte der Erde gelangen, so wäre er im Moment, wo er anlangt, vollständig und für immer tot.

Die nächsten Perioden der Welt, welche auf jene folgten, in denen sich um die Weltkörper feste Hüllen gebildet hatten, wurden von großen Umbildungen ausgefüllt. Da die ganze Welt, von Anfang an, in rotierender Bewegung war, so lösten sich die (wohl wenig dichten) festen Körper ab und kreisten, als Ringe, um die Zentralsonne, bis sie sich, in weiterer Umbildung, zu Planeten gestalteten, während der Zentralkörper, der Kant-Laplace'schen Hypothese gemäß, in kontinuierlicher weiterer Abkühlung und Zusammenziehung (Schwächung der Kraft) fortfuhr, sich zu verdichten.

Der Urzustand der Welt stellt sich unserem Denken dar: als eine ohnmächtige Sehnsucht der Individuen nach dem absoluten Tode, welche nur teilweise Erfüllung in der immer mehr zunehmenden Schwächung der bestimmten Kraftsumme fand.

Es spiegelt sich in der damaligen Welt, wie auch in jedem Gase unserer heutigen Welt, das transzendente Hindernis, das Gott an seinem Wesen fand, als er nichtsein wollte, oder auch das retardierende Moment: aus jedem Gase blickt der Reflex des transzendenten Verhängnisses, daß Gott nichtsein wollte, aber nicht sofort Erfüllung finden konnte.

Im ganzen unorganischen Reich des Weltalls ist nichts anderes vorhanden, als individueller Wille mit einem bestimmten Streben (Bewegung). Er ist blind, d. h. sein Ziel liegt in seinem Streben, ist in der Bewegung schon von selbst enthalten. Sein Wesen ist reiner Trieb, reiner Wille, immer folgend dem Impulse, den er im Zerfall der Einheit in die Vielheit erhielt.

Wenn wir demnach sagen: das Gas will in indefinitum auseinandertreten, die Flüssigkeiten und festen Körper wollen nach einem außer ihnen liegenden idealen Punkt, so drücken wir damit nur aus, daß ein erkennendes Subjekt, die Richtung des Strebens verfolgend, zu einem bestimmten Ziele kommt. Unabhängig von einem erkennenden Subjekt, hat jeder unorganische Körper nur eine bestimmte Bewegung, ist reiner echter Trieb, ist lediglich blinder Wille.

Und nun frage ich: wie muß sich jetzt der Wille der chemischen Idee im Geiste des Menschen spiegeln? Als Wille zum Leben? In keiner Weise! Allem Bisherigen nach ist er reiner Wille zum Tode.

Dies ist ein sehr wichtiges Ergebnis. Im unorganischen Reich durchweg wird das Leben nicht gewollt, sondern die Vernichtung; der Tod wird gewollt. Wir haben es überhaupt nur deshalb mit einem Willen zu tun, weil etwas erlangt werden soll, was noch nicht ist, weil ein retardierendes Moment vorhanden ist, das die sofortige Erreichung unmöglich macht. Das Leben wird nicht gewollt, sondern ist nur Erscheinung des Willens zum Tode, und zwar im Urzustande der Welt und in dem Gase der Gegenwart: Erscheinung des retardierenden Moments im Individuum, und in jeder Flüssigkeit und jedem festen Körper: Erscheinung eines von außen verhinderten Strebens. Deshalb ist auch im unorganischen Reich das Leben des Individuums nicht Mittel zum Zweck, sondern der Kampf überhaupt ist Mittel, resp. die ihn bedingende Vielheit. Das Leben im unorganischen Reich ist immer nur Erscheinung, ist die allmähliche Bewegung der chemischen Ideen zum Tode.

So lange es gasförmige Ideen in der Welt gibt, (und sie überwiegen jetzt noch alle anderen), so lange ist die in der Welt vorhandene Kraftsumme nicht reif für den Tod. Alle Flüssigkeiten und festen Körper sind reif für den Tod, aber das Weltall ist ein festes Ganzes, eine durchweg in dynamischem Zusammenhang stehende Kollektiv-Einheit mit einem einzigen Ziele: dem Nichtsein, und deshalb können die Flüssigkeiten und festen Körper nicht eher die Erfüllung ihres Strebens erlangen, als bis sämtliche Gase so weit geschwächt sind, daß auch sie fest oder flüssig werden, oder mit andern Worten: das Weltall kann nicht eher zu Nichts werden, als bis die ganze in ihm enthaltene Kraftsumme reif für den Tod ist.

Wir treten in das organische Reich. Aus der Physik haben wir uns dabei zu erinnern, daß dasselbe nichts anderes ist, als eine Form für die Schwächung der im Weltall liegenden Kraftsumme. Jetzt nennen wir es besser: die vollkommenste Form für die Abtötung der Kraft. Dies genügt uns an dieser Stelle. Im weiteren werden wir einen Ort finden, wo wir uns nochmals in die Organisation vertiefen und ihre ganze Bedeutung erfassen können.

Die Pflanze wächst, zeugt (auf irgendeine Weise) und stirbt (nach irgendeiner Lebensdauer). Sehen wir von allem Besonderen ab, so springt uns hier zuerst hell die große Tatsache des wirklichen Todes ins Auge, der im unorganischen Reich nirgends in die Erscheinung treten konnte. Könnte die Pflanze sterben, wenn sie nicht im tiefsten Kerne ihres Wesens sterben wollte? Sie folgt lediglich ihrem Grundtriebe, der sein ganzes Streben aus der Sehnsucht Gottes nach Nichtsein schöpfte.

Aber der Tod der Pflanze ist nur ein relativer Tod, ihr Streben findet nur teilweise Erfüllung. Sie zeugte, und durch die Zeugung lebt sie fort.

Da nun die Zeugung, die Erhaltung im Leben, zwar von außen veranlaßt wird und von anderen Ideen abhängt, aber im wesentlichsten der innersten Idee der Pflanze selbst entspringt, so ist das Leben der Pflanze eine ganz andere Erscheinung, als das der chemischen Idee. Während bei dieser das Leben nur Hemmung des Willens zum Tode ist, von innen oder von außen veranlaßt und bedingt, wird in der Pflanze das Leben direkt gewollt. Die Pflanze zeigt uns also Willen zum Leben neben Willen zum Tode, oder besser, weil sie den absoluten Tod will, aber nicht haben kann, will sie das Leben direkt als Mittel zum absoluten Tode, und die Resultierende ist der relative Tod.

Das Tier ist zunächst Pflanze, und alles, was wir von dieser sagten, gilt auch von ihm. Es ist als Pflanze Wille zum Tode und Wille zum Leben, und es resultiert aus diesen Bestrebungen der relative Tod. Es will das Leben als Mittel zum absoluten Tode.

Das Tier ist aber dann noch eine Verbindung von Willen und Geist (auf einer bestimmten Stufe). Der Wille hat sich teilweise gespalten, und jeder Teil hat eine eigentümliche gespaltene Bewegung. Hierdurch wird sein Pflanzenleben modifiziert.

Der Geist des Tieres nimmt ein Objekt wahr und fühlt instinktiv die Gefahr, welche ihm droht. Das Tier hat bestimmten Objekten gegenüber instinktive Todesfurcht.

Wir stehen vor einer außerordentlich merkwürdigen Erscheinung. Das Tier will im tiefsten Innern seines Wesens die Vernichtung, und denoch fürchtet es den Tod vermöge seines Geistes; denn dieser ist Bedingung, weil das gefährliche Objekt auf irgendeine Weise wahrgenommen werden muß. Wird es nicht wahrgenommen, so bleibt das Tier ruhig und fürchtet den Tod nicht. Wie ist das seltsame Phänomen zu erklären?

Wir fanden schon oben, im unorganischen Reich, daß einzelne Individualitäten reif für den Tod sind und erlöschen würden, wenn man ihrem Triebe freie Bahn gäbe. Aber sie müssen, als Mittel für den Zweck des Ganzen, leben.

In gleicher Weise verhält es sich beim Tier. Das Tier ist Mittel zum Zweck des Ganzen, wie das ganze organische Reich nur ein Mittel für den Zweck des unorganischen ist. Und zwar entspricht seine Beschaffenheit dem bestimmten Zweck, den es erfüllen soll.

Diesen Zweck können wir nun in nichts anderes setzen, als in eine wirksamere Abtötung der Kraft, welche nur durch Todesfurcht (intensiveren Willen zum Leben) zu erlangen ist, und welche ihrerseits Mittel für den Zweck des Ganzen, den absoluten Tod, ist.

Während also in der Pflanze noch neben dem Willen zum Tode der Wille zum Leben steht, steht beim Tiere der Wille zum Leben vor dem Willen zum Tode und verhüllt ihn ganz: das Mittel ist vor den Zweck getreten. So will auf der Oberfläche das Tier nur das Leben, ist reiner Wille zum Leben und fürchtet den Tod, den es auf dem

Grunde seines Wesens allein will. Denn, frage ich auch hier, könnte das Tier sterben, wenn es nicht sterben wollte?

Der Mensch ist zunächst Tier, und was wir von diesem sagten, das gilt auch von ihm. Als Tier steht in ihm der Wille zum Leben vor dem Willen zum Tode, und das Leben wird dämonisch gewollt und der Tod dämonisch gefürchtet.

Im Menschen hat aber eine weitere Spaltung des Willens und dadurch eine weitere Spaltung der Bewegung stattgefunden. Zur Vernunft, die das Mannigfaltige der Wahrnehmung verbindet, ist das Denken getreten, die reflektierende Vernunft, die Reflexion. Hierdurch wird sein Tierleben wesentlich modifiziert und zwar nach zwei ganz verschiedenen Richtungen.

Zunächst wird die Todesfurcht einerseits und die Liebe zum Leben andererseits gesteigert.

Die Todesfurcht wird gesteigert: das Tier kennt den Tod nicht und es fürchtet ihn nur instinktiv, wenn es ein gefährliches Objekt wahrnimmt. Der Mensch dagegen kennt den Tod und weiß, was er zu bedeuten hat. Dann übersieht er die Vergangenheit und blickt in die Zukunft. Hierdurch überblickt er außerordentlich mehr, ich möchte sagen: unendlich mehr Gefahren als das Tier.

Die Liebe zum Leben wird gesteigert. Das Tier folgt in der Hauptsache seinen Trieben, die sich auf Hunger, Durst, Schlafbedürfnis und alles zur Brunft Gehörige beschränken. Es lebt in einem engen Kreise. Dem Menschen dagegen tritt, durch seine Vernunft, das Leben in Formen entgegen, wie Reichtum, Weiber, Ehre, Macht, Ruhm usw., welche seinen Willen zum Leben, zur Begierde nach Leben anfachen. Die reflektierende Vernunft vervielfältigt seine Triebe, steigert sie und sinnt über die Mittel ihrer Befriedigung nach: sie macht die Befriedigung künstlich zu raffiniertem Genusse.

Auf diese Weise wird der Tod aus ganzer Seele gehaßt und beim bloßen Wort krampft sich das Herz der meisten qualvoll zusammen, und die Todesfurcht wird zur Todesangst und Verzweiflung, wenn die Menschen dem Tode in die Augen starren; dagegen wird das Leben mit Leidenschaft geliebt.

Beim Menschen wird demnach der Wille zum Tode, der Trieb seines innersten Wesens, nicht mehr vom Willen zum Leben einfach verdeckt, wie beim Tier, sondern er verschwindet vollständig in der Tiefe, wo er sich nur, von Zeit zu Zeit, als tiefe Sehnsucht nach Ruhe äußert. Der Wille verliert seinen Zweck vollständig aus Sinn und Augen und klammert sich lediglich an das Mittel.

In der zweiten Richtung aber wird, durch die Vernunft, das Tierleben in einer anderen Weise modifiziert. Vor dem Geiste des Denkers steigt, strahlend und leuchtend, aus der Tiefe des Herzens der reine Zweck des Daseins empor, während das Mittel ganz verschwindet. Nun erfüllt das erquickende Bild ganz seine Augen und entzündet seinen Willen: machtvoll lodert die Sehnsucht nach dem Tode auf, und ohne Zaudern ergreift der Wille, in moralischer Begeisterung, das bessere Mittel zum erkannten Zweck, die Virginität. Ein solcher Mensch ist die einzige Idee in der Welt, welche den absoluten Tod, indem sie ihn will, auch erreichen kann.

Fassen wir zusammen, so ist alles in der Welt Wille zum Tode, der im organischen Reich, mehr oder weniger verhüllt, als Wille zum Leben auftritt. Das Leben wird vom reinen Pflanzentrieb, vom Instinkt und schließlich dämonisch und bewußt gewollt, weil auf diese Weise das Ziel des Ganzen, und damit das Ziel jeder Individualität, schneller erreicht wird.

Am Anfang der Welt war das Leben Erscheinung des Willens zum Tode, des Strebens der Individuen nach Nichtsein, das durch ein retardierendes Moment in ihnen verlangsamt wurde.

Im gestalteten, durchweg in intensivster Tension erhaltenen Weltall kann man das Leben, mit Absicht auf die chemischen Ideen schlechthin, gehemmtes Streben nach Nichtsein nennen und sagen, daß es sich darstelle als Mittel zum Zweck des Ganzen.

Die Organismen dagegen wollen aus sich selbst das Leben, hüllen ihren Willen zum Tode in Willen zum Leben, d. h. sie wollen aus sich selbst das Mittel, das zunächst sie und durch sie das Ganze zum absoluten Tode führen wird.

Wir haben also doch noch schließlich, auf der Oberfläche, einen Unterschied zwischen dem unorganischen und organischen Reich gefunden, der sehr wichtig ist.

Aber auf dem Grunde sieht der immanente Philosoph im ganzen Weltall nur die tiefste Sehnsucht nach absoluter Vernichtung, und es ist ihm, als höre er deutlich den Ruf, der alle Himmelssphären durchdringt: Erlösung! Erlösung! Tod unserem Leben! und die trostreiche Antwort darauf: ihr werdet alle die Vernichtung finden und erlöst werden.

Ich muß es noch einmal sagen: Der Zweck der ganzen Weltgeschichte, d. h. aller Schlachten, Religionssysteme, Erfindungen, Entdeckungen, Revolutionen, Sekten, Parteien usw. ist: der Masse das zu bringen, was einzelnen seit Beginn der Kultur zuteil wurde. Es handelt sich nicht darum, ein Geschlecht von Engeln zu erziehen, das dann immerfort, immerfort existierte, sondern um Erlösung vom Dasein. Die Verwirklichung der kühnsten Ideale der Sozialisten kann doch nur für alle einen Zustand der Behaglichkeit schaffen, in dem von jeher einzelne bereits lebten.

Und was taten diese einzelnen, wann sie in diesen Zustand kamen? Sie wandten sich vom Leben ab.

Etwas anderes war auch nicht möglich.

Die Menschheit ist zunächst ein Begriff; ihm entspricht in der Wirklichkeit eine Gesamtheit von Individuen, welche allein real sind und sich, vermittelst der Zeugung, im Dasein erhalten. Die Bewegung des Individuums aus dem Leben in den Tod gibt in Verbindung mit seiner Bewegung aus dem Leben in das Leben, die Bewegung aus dem Leben in den relativen Tod, welche jedoch, da in diesen kontinuierlichen Übergängen der Wille geschwächt und die Intelligenz gestärkt wird, auf dem Grunde die spiralförmige Bewegung aus dem Leben in den absoluten Tod ist.

Die Menschheit muß dieselbe Bewegung haben, da sie ja nichts weiter ist, als die Gesamtheit der Individuen. Jede Definition ihrer Bewegung, welche den absoluten Tod nicht als Zielpunkt enthält, ist zu kurz, weil sie nicht sämtliche Vorgänge deckt. Wäre die wahre Bewegung nicht deutlich zu erkennen, so müßte die immanente Philosophie den absoluten Tod, als Zielpunkt, postulieren.

Alle individuellen Lebensläufe: die kurze Lebenszeit von Kindern, von Erwachsenen, die der Tod vernichtet, ehe sie zeugen konnten, und die lange Lebenszeit solcher Menschen, welche auf die Kinder ihrer Kindeskinder blicken, müssen sich, wie auch alle Lebensläufe von Menschengruppen (von Indianerstämmen, Südsee-Insulanern) zwanglos in die aufgestellte Bewegung der Menschheit einreihen lassen. Ist dies in einem einzigen Falle nicht tunlich, so ist die Definition falsch.

Die Bewegung der Menschheit aus dem Sein in das Nichtsein deckt nun alle, alle besonderen Bewegungen. Der Denker, der sie erkannt hat, wird kein Blatt der Geschichte mehr mit Erstaunen lesen, noch wird er klagen. Er wird weder fragen: was haben die Einwohner Sodoms und Gomorrhas verschuldet, daß sie untergehen mußten? was haben die 30 000 Menschen verschuldet, die das Erdbeben von Riobomba in wenigen Minuten vernichtete? was die 40 000 Menschen, welche bei der Zerstörung Sidons den Flammentod fanden? noch wird er klagen über die Millionen Menschen, welche die Völkerwanderung, die Kreuzzüge und alle Kriege in die Nacht des Todes gestoßen haben. Die ganze Menschheit ist der Vernichtung geweiht.

Die Bewegung selbst unserer Gattung resultiert (wenn wir von den sonstigen Einflüssen der Natur absehen) aus den Bestrebungen aller Menschen, wie ich bereits sagte. Sie entsteht aus den Bewegungen der Guten und Schlechten, der Weisen und Narren, der Begeisterten und Kalten, der Kühnen und Verzagten, und kann deshalb kein moralisches Gepräge tragen. Sie erzeugt in ihrem Verlauf Gute und Schlechte, Weise und Narren, Moralisch-Begeisterte und Verruchte, weise Helden und Bösewichter, Erzschelme und Heilige, und erzeugt sich wiederum aus den Bewegungen dieser.

Es ist deshalb ganz gleichgültig, ob die Menschheit das »große Opfer«, wie die Inder sagen, oder »die Offenbarung der Kinder Gottes, wonach alle Kreatur sich ängstlich sehnet«, wie Paulus sagt, in moralischer Begeisterung, oder durch Impotenz, oder in einem wilden, fanatischen Aufflackern der letzten Lebenskraft bringt. Wer kann es vorhersagen? Genug, das Opfer wird gebracht werden, weil es gebracht werden muß, weil es Durchgangspunkt für die notwendige Entwicklung der Welt ist.

Ist es aber gebracht, so wird nichts weniger sich ereignen, als was man auf dem Theater einen Knalleffekt nennt. Weder die Sonne, noch der Mond, noch irgendein Stern wird verschwinden, sondern die Natur wird ruhig ihren Gang fortsetzen, aber unter dem Einflusse der Veränderung, die der Tod der Menschheit hervorgebracht hat, und die vorher nicht da war.

Auch hier sind wir vorsichtig und rasen nicht mit Vernunft. Lichtenberg sagte einmal, daß eine Erbse, in die Nordsee geworfen, das Niveau des Meeres an der Japanischen Küste erhöhe, obgleich die Niveauveränderung von keinem menschlichen Auge wahrzunehmen sei. Ebenso steht es logisch fest, daß ein Pistolenschuß, auf unserer Erde abgefeuert, seine Wirkung auf dem Sirius, ja an den äußersten Grenzen des unermeßlichen Weltalls geltend machen wird; denn dieses Weltall befindet sich durchgängig in gewaltigster Tension und ist kein schlappes, läppisches, armseliges sogenanntes Unendliches. Wir werden uns also wohl hüten, eine Hypothese aufzustellen, in der wir Schritt für Schritt die Folgen des großen Opfers aufsuchen; denn was brächten wir wohl anderes zu Wege, als ein Phantasiegebilde, vom Werte eines Märchens, das in funkelnder Sternennacht der Beduine seinen Genossen erzählt? Wir begnügen uns damit, einfach zu konstatieren, daß der Abgang der Menschheit von der Weltbühne Wirkungen haben wird, welche in der einen und einzigen Richtung des Weltalls liegen.

Der einzige Einwand, den man gegen meine Metaphysik machen kann, ist der: das Endziel der Welt muß nicht das Nichts sein; es kann auch ein Paradies sein. Der Einwand ist aber unhaltbar.

Erstens hatte die vorweltliche Gottheit die Allmacht zu sein, wie sie wollte. Hätte sie demnach eine Menge reiner edler Wesen sein wollen, so würde sie sofort ihren Wunsch haben befriedigen können und ein Prozeß wäre unnötig gewesen.

Zweitens kann man nicht sagen: der Prozeß mußte stattfinden, weil die Gottheit keine reine Gottheit war; der Prozeß reinigt sie. Denn diese Ausage wird zunächst von der Allmacht Gottes vernichtet, dann dadurch, daß das Wesen Gottes dem menschlichen Geist ganz verhüllt ist. Wer gibt mir also das Recht zu sagen, Gott wäre ein unreiner Gott? Das alles ist ja blauer Dunst.

Die wahre metaphysische Bedeutung der Welt, das Credo aller Guten und Gerechten, ist die Entwicklung der Welt mit der Menschheit an der Spitze. Die Welt ist Durchgangspunkt, aber nicht zu einem neuen Zustand, sondern zur Vernichtung, die selbstverständlich außerhalb der Welt liegt: sie ist metaphysisch.

Wir haben in der Physik die Zweckmäßigkeit der Natur, welche kein Vernünftiger ableugnen kann, auf die erste Bewegung, den Zerfall der Einheit in die Vielheit, zurückgeführt, von welcher ersten Bewegung alle folgenden nur Fortsetzungen waren und sind. Dies genügte vollkommen. Dann aber knüpften wir die Zweckmäßigkeit unmittelbar an den Entschluß der vorweltlichen Einheit, aus dem Übersein in das Nichtsein zu treten, an.

Der einfachen Einheit war die sofortige Erreichung des Zieles verwehrt, nicht aber die Erreichung überhaupt. Es war ein Prozeß (ein Entwicklungsgang, eine allmähliche Abschwächung) nötig, und der ganze Verlauf dieses Prozesses lag virtualiter im Zerfall.

Alles in der Welt hat demnach Ein Ziel, oder besser: für den menschlichen Geist stellt sich die Natur so dar, als ob sie sich einem einzigen Ziele entgegenbewege. Im Grunde aber folgt alles nur dem ersten blinden Impulse, in welchem das, was wir als Mittel und Zweck auseinanderhalten müssen, untrennbar vereinigt lag. Alles in der Welt wird nicht von vorn gezogen oder von oben geleitet, sondern aus sich heraus getrieben.

Auf diese Weise greift alles ineinander, jedes Ding ist auf das andere angewiesen; alle Individualitäten zwingen und werden gezwungen, und die resultierende Bewegung aus allen Einzelbewegungen ist dieselbe, als ob eine einfache Einheit eine einheitliche Bewegung habe.

Die Teleologie ist ein bloß regulatives Prinzip für die Beurteilung des Weltgangs (die Welt wird gedacht: als einem Willen entsprungen, den die höchste Weisheit leitete), verliert aber, selbst als solches, nur dann alles Anstößige, das es von jeher für alle klaren empirischen Köpfe gehabt hat, wenn die Welt auf eine einfache vorweltliche Einheit zurückgeführt wird, welche nicht mehr existiert. Vorher hatte man nur die Wahl zwischen zwei Wegen, auf welchen beiden keine Befriedigung zu finden war. Entweder mußte man die Zweckmäßigkeit leugnen, d.h. der Erfahrung ins Gesicht schlagen, um ein spukfreies, rein immanentes Gebiet zu erhalten; oder man mußte der Wahrheit die Ehre geben, d.h. die Zweckmäßigkeit anerkennen, aber dann auch eine Einheit in, über oder hinter der Welt annehmen.

Die immanente Philosophie hat, mit ihrem radikalen Schnitt durch immanentes und transzendentes Gebiet, das Problem in durchaus befriedigender Weise gelöst. Die Welt ist der einheitliche Akt einer einfachen Einheit, welche nicht mehr ist, und steht deshalb in einem unlöslichen dynamischen Zusammenhang, aus welchem eine einheitliche Bewegung entsteht:

Es ist die Bewegung nach der völligen Vernichtung, die Bewegung aus dem Sein in das Nichtsein.

IV. Menschheit, Zivilisation und idealer Staat

Die Politik handelt von der Bewegung der ganzen Menschheit. Diese Bewegung resultiert aus den Bestrebungen aller Individuen und ist, von einem niederen Standpunkte aus betrachtet, die Bewegung nach dem idealen Staate, vom höchsten dagegen aufgefaßt: die Bewegung aus dem Leben in den absoluten Tod, da ein Stillstand im idealen Staate nicht möglich ist.

Diese Bewegung kann kein moralisches Gepräge tragen; denn die Moral beruht auf dem Subjekt, und nur Handlungen des einzelnen, gegenüber der Bewegung der Gesamtheit, können moralisch sein.

Sie vollzieht sich lediglich durch unwiderstehliche Gewalt und ist, allgemein bestimmt, das allmächtige Schicksal der Menschheit, das alles, was sich ihm entgegenwirft, und sei es ein Heer von Millionen, zermalmt und wie Glas zerbricht; von da an aber, wo sie in den Staat mündet, heißt sie Zivilisation.

Jede Handlung des Menschen, die höchste wie die niedrigste, ist egoistisch; denn sie fließt aus einer bestimmten Individualität, einem bestimmten Ich, bei zureichendem Motiv, und kann in keiner Weise unterbleiben. Auf den Grund der Verschiedenheit der Charaktere einzugehen, ist hier nicht der Ort; wir haben sie einfach als Tatsache hinzunehmen. Es ist nun dem Barmherzigen ebenso unmöglich, seinen Nächsten darben zu lassen, wie dem Hartherzigen, dem Dürftigen beizuspringen. Jeder von beiden handelt seinem Charakter, seiner Natur, seinem Ich, seinem Glück gemäß, folglich egoistisch; denn wenn der Barmherzige die Tränen anderer nicht trocknete, wäre er glücklich? Und wenn der Hartherzige die Leiden anderer linderte, wäre er befriedigt?

In der Folge wird die unumstößliche Wahrheit, daß jede Handlung egoistisch ist, ganz deutlich hervortreten. Ich habe sie an dieser Stelle erwähnt, da wir sie von jetzt an nicht mehr entbehren können.

Im Naturzustand ist der Kräftigste oder Listigste gewöhnlich der Sieger, der Schwache oder Dumme gewöhnlich der Besiegte. Es können aber auch Fälle vorkommen, wo der Kräftigste überwunden und der Listigste überlistet wird; denn wer schützt den Starken im Schlaf? oder wenn er alt oder krank ist? oder wie soll er siegen, wenn er von verbundenen Schwachen angegriffen wird? Diese leicht verschiebbaren Machtverhältnisse im Naturzustand mußten alle, die Schwachen sowohl, als auch die Starken, zur Erkenntnis führen, daß eine gegenseitige Beschränkung der Macht im Interesse eines jeden liege.

Es ist hier nicht meine Aufgabe, zu untersuchen, wie der Übergang aus dem Naturzustand in den Staat stattfand, ob auf rein dämonischen Antrieb, oder durch vernünftige Wahl des kleineren von zwei Übeln. Wir nehmen an, daß der Staat ein Werk der Vernunft ist und auf einem Vertrag beruht, den die Menschen widerwillig abgeschlossen haben: aus Not, um einem größeren Übel, als das der Beschränkung ihrer individuellen Macht war, vorzubeugen.

Der Grundcharakter des echten Staates, auch in seiner unvollkommensten Form, ist, daß er seinen Bürgern mehr gibt als er ihnen nimmt, daß er ihnen, alles in allem, einen Vorteil gewährt, der das Opfer überwiegt; denn wäre der Vorteil so groß wie das Opfer gewesen, so würde nie der Staat entstanden sein.

Es traten also Menschen, geleitet von der Erkenntnis,

daß ein sicheres Leben im Naturzustand unmöglich, daß ein unsicheres Leben ein in der Einrichtung der Natur begründetes, auf gewöhnlichem Wege nicht zu zerstörendes Übel sei, zusammen und sagten: »Wir sind alle gewalttätige Menschen; jeder ist in seinem Eogismus eingeschlossen und betrachtet sich als die einzige Realität in der Welt; wo wir den anderen zu unserem Vorteil schaden können, tun wir es; aber unser Wohl wird dadurch nicht gefördert. Wir müssen schlafen, wir müssen uns von unserer Hütte entfernen, weil wir sonst verhungern, wir können krank werden, und unsere Kraft schwindet im Alter dahin. Unsere Macht ist also bald groß, bald klein, und alle Vorteile, die wir uns erringen, wenn sie groß ist, zerfließen in einer Minute, wenn sie klein ist. Wir werden unserer Habe niemals froh, weil sie nicht gesichert ist. Was hilft uns demnach die Befriedigung unserer Begierden, wenn wir, alles in allem genommen, nur dadurch verlieren? Wir wollen also fortan die Habe eines jeden von uns unangefochten lassen.« Und jetzt erst entstand der Begriff Diebstahl, der im Naturzustand gar nicht möglich war, denn er steht und fällt mit einem garantierten Besitz.

Sie sagten ferner: »Wir sind alle gewalttätige Menschen; wenn sich einer zwischen uns und unseren Vorteil stellt, so sinnen wir nur darauf, wie wir ihn vernichten können, und trachten ihm nach dem Leben. Aber unsere Stärke oder List ist nicht immer die gleiche. Heute können wir siegen und morgen besiegt sein. Wir können somit unseres Lebens nie froh werden, weil wir beständig in Lebensgefahr schweben. Wir wollen also noch einen Teil unserer Macht opfern, damit unser Wohl im ganzen wachse, und wir erklären: fortan soll das Leben eines jeden von uns gesichert sein.« Und jetzt erst entstand der Begriff

Mord, denn er bezeichnet die Vernichtung eines garantierten Lebens.

Auf diese Weise beschränkten sich die Menschen durch die Urgesetze:

1. keiner darf stehlen;
2. keiner darf morden.

Der Staat ist also diejenige Einrichtung, welche die Individualität des einzelnen, sie möge noch so sehr erweitert sein (Weib, Kind, Besitz) beschützt und dagegen von ihm verlangt, die Individualität aller anderen unangetastet zu lassen. Er verlangt mithin zunächst von jedem Bürger als erste Pflicht: Unterwerfung unter das Gesetz, Gehorsam. Dann verlangt er die Gewährung der Mittel, um sein schützendes Amt ausüben zu können, sei es gegen Gesetzesübertreter, sei es gegen äußere Feinde, also Opfer an Gut und Blut oder allgemein ausgedrückt, als zweite Pflicht: Schutz des Staates.

Wir erkennen mithin auf unserem jetzigen Standpunkte keine andere Autorität zunächst an, als die von den Menschen errichtete des Staates. Sie ist mit Notwendigkeit in die Erscheinung getreten, weil der mit Vernunft begabte Wille, nach richtiger Erkenntnis des Wesens zweier Übel, das kleinere wählen muß. Er kann nicht anders handeln; denn sehen wir einen Menschen von zwei Übeln das größere wählen, so haben wir uns entweder in der Beurteilung geirrt, weil wir uns nicht in die Individualität des Wählenden versenken konnten, oder er hat nicht erkannt, daß das gewählte Übel das größere war. Hätte er in letzterem Falle unseren Geist gehabt, der sich über die Wahl wundert, so hätte er nicht wählen können, wie er gewählt hat. Dieses Gesetz steht so fest wie das, daß jede Wirkung eine Ursache haben muß.

Der einsichtige Mensch kann nicht wollen, daß der Staat vernichtet werde. Wer dies aufrichtig will, der will nur eine vorübergehende Außerkraftsetzung der Gesetze, nämlich so lange, als er Zeit braucht, um sich eine günstige Situation zu verschaffen. Hat er diese erlangt, so will er mit derselben Inbrunst den Schutz der Gesetze, mit der er vorher deren Suspension wollte.

Der Staat ist also für die natürlichen Egoisten ein notwendiges Übel, welches sie ergreifen müssen, weil es das kleinere von zweien ist. Stießen sie es wieder um, so würden sie das größere dafür in Händen haben.

Es ist der Zivilisation wesentlich, daß sie, nach dem Gesetze der Ausbildung des Teils, in kleinen Kreisen beginnt und diese alsdann erweitert. Die Zivilisation ist nicht der Gegensatz zur Bewegung der Naturvölker; denn beide Bewegungsarten haben eine Richtung. Erstere ist nur eine beschleunigte Bewegung. Die Bewegung eines Naturvolks ist der einer Kugel auf einer fast horizontalen Fläche, die Bewegung eines Kulturvolks dagegen dem Sturze dieser Kugel in den Abgrund zu vergleichen. Bildlich geredet, hat nun die Zivilisation das Bestreben, alle Völker in ihren Kreis zu ziehen; sie hat die ganze Menschheit im Auge und übersieht auch nicht die kleinste Genossenschaft im verborgensten Winkel der Erde.

Zu den Gesetzen, wonach sie hierbei verfährt, gehören das Gesetz der Fäulnis und das Gesetz der Verschmelzung durch Eroberung. Jeder Kulturstaat sucht sich in seiner Individualität zu erhalten und dieselbe so viel als möglich zu stärken. So mußten sich auch die gedachten Staaten zunächst gegen die sie von anderen Staaten trennenden Nomadenhorden und Jagdvölker, welche ihre

Grenzen beunruhigten, Einfälle in ihr Gebiet machten, raubten und mordeten, wenden und sie unschädlich zu machen suchen. Sie bekriegten dieselben und fügten sie, als Sklaven, in ihr Gemeinwesen ein. Nachdem auf diese Weise die Staaten aneinandergerückt waren, suchte jeder den anderen zu schwächen, oder, sobald es seine Macht gestattete und sein Interesse erheischte, sich denselben ganz einzuverleiben.

Im ersteren Falle fand, durch Eroberung, in den unteren Klassen des Staats eine Verschmelzung wilder Völker mit solchen, die unter Gesetzen bereits verschlossen waren, statt, wobei auch zuweilen Völker verschiedener Rasse (Arier, Semiten etc.) vermischt wurden; im letzteren Falle wurden Glieder der höheren Klassen in das niedere Volk hinabgestoßen. Durch diese Vermengungen und Verschmelzungen erfuhr der Charakter vieler eine Umbildung.

Die Bewegung, welche sich nach dem Gesetze der Eroberung vollzieht, ist eine kräftige vom Inneren des Staates nach außen, diejenige dagegen, welcher das Gesetz der Fäulnis zu Grunde liegt, ist eine kräftige von außen in das Innere des Staates.

Wer sich in den Fäulnis- und Absterbungsprozeß der asiatischen Militärdespotien, Griechenlands und Roms vertieft und lediglich die Bewegung auf dem Grunde im Auge hat, der gewinnt die unverlierbare Erkenntnis, daß der Gang der Menschheit nicht die Erscheinung einer sogenannten sittlichen Weltordnung, sondern die nackte Bewegung aus dem Leben in den absoluten Tod ist, die, überall und immer, auf ganz natürlichem Wege aus den wirkenden Ursachen allein entsteht. In der Physik konnten wir zu keinem anderen Resultat kommen, als dem einen, daß aus dem Kampfe um das Dasein immer höher organisierte Wesen hervorgehen, daß sich das organisierte Leben immer wieder erneuere, und es war ein Ende der Bewegung nicht zu entdecken. Wir befanden uns im Tale. In der Politik dagegen befinden wir uns auf einem freien Gipfel und erblicken ein Ende. Allerdings sehen wir dieses Ende in der Periode des Untergangs der römischen Republik noch nicht klar. Noch haben sich die Morgennebel des Tages der Menschheit nicht ganz verzogen und das goldene Zeichen der Erlösung aller blitzt nur hie und da aus dem Schleier, der es verhüllt; denn nicht die ganze Menschheit lag in der Form des babylonischen, assyrischen und persischen Staates, auch nicht im griechischen und römischen Staate. Ja, nicht einmal sämtliche Völker dieser Reiche sind abgestorben. Es waren gleichsam nur die Spitzen von Zweigen des großen Baumes, welche verdorrten. Aber wir erkennen klar in den Vorgängen die wichtige Wahrheit: daß die Zivilisation tötet. Jedes Volk, welches in die Zivilisation eintritt, d. h. in eine schnellere Bewegung übergeht, fällt und wird in der Tiefe zerschmettert. Keines kann sich in seiner männlichen Kraft erhalten, jedes muß altersschwach werden, entarten und sich ausleben.

Es ist ganz gleich, wie seine dem absoluten Tode geweihten Individuen in die Vernichtung sinken; ob nach dem Gesetze der Fäulnis: verlottert, sich wälzend im Schlamme und Kot raffinierter Wollust; oder nach dem Gesetze des Individualismus: mit Ekel fortwerfend alle köstlichen Früchte, weil sie keine Befriedigung mehr geben, sich verzehrend in Überdruß und Langeweile, hin- und herschwankend, weil sie den festen Willen und klare Ziele verloren haben,

Nicht erstickt und ohne Leben;
Nicht verzweifelnd, nicht ergeben.
Goethe

oder durch Moralität: im Äther der Seligkeit ihr Leben verhauchend. Die Zivilisation ergreift sie und tötet sie. Wie gebleichte Gebeine die Wege durch die Wüste, so bezeichnen die Denkmäler zerfallener Kulturreiche, den Tod von Millionen verkündend, die Bahn der Zivilisation.

Schon vor Kant hatte man die Geschichte als Kulturgeschichte aufgefaßt, d.h. man hatte erkannt, daß der Zug Alexanders nach Asien doch etwas mehr war als die Befriedigung des Ehrgeizes und der Ruhmsucht eines tapferen Jünglings, daß Luthers Protest doch etwas mehr war als die Ablösung eines ehrlichen Individuums von Rom, daß die Erfindung des Schießpulvers doch etwas mehr war als eine zufällige Erscheinung im Laboratorium eines Alchimisten usf. Kant dann, in seiner kleinen, aber genialen Schrift: »Idee zu einer allgemeinen Geschichte in weltbürgerlicher Absicht«, hatte versucht, der Bewegung des Menschengeschlechts von ihren ersten Anfängen an ein Ziel zu geben: den idealen Staat, der die ganze Menschheit umfassen wird, und Fichte, Schelling, Hegel, hatten, mit wahrer Begeisterung, Kants Gedanken erfaßt, um sie auszubreiten und überall eindringen zu lassen. Besonders ist Fichte hervorzuheben, der in seinen unsterblichen Werken: »Grundzüge des gegenwärtigen Zeitalters« und »Reden an die deutsche Nation« – ob sie gleich ganz unhaltbare Ansichten und viele palpable Irrtümer enthalten – dem gesamten Erdenleben unserer Gattung den Zweck setzte: daß das Menschengeschlecht mit Freiheit alle seine Verhältnisse nach der Vernunft einrichte. Wir werden mithin einen idealen Staat zu konstruieren und das Leben in ihm zu beurteilen haben. Wir lassen ganz dahingestellt, ob derselbe je in der Entwicklung der Dinge liegen könne; aber es ist klar, daß wir ihn konstruieren dürfen, weil wir ja bestrebt sind, das Leben in einem günstigen Lichte zu erblicken.

Wir stellen uns gleich mitten in diesen idealen Staat, ohne uns mit seinem Werden zu beschäftigen.

Er umfaßt »alles, was Menschengesicht trägt«, er umfaßt die ganze Menschheit. Es gibt keine Kriege mehr und keine Revolutionen. Die politische Macht ruht nicht mehr in bestimmten Klassen, sondern die Menschheit ist ein Volk, das nach Gesetzen lebt, an deren Abfassung alle mitgewirkt haben. Das soziale Elend ist erloschen. Die Arbeit ist organisiert und drückt keinen mehr. Der Erfindungsgeist hat sämtliche schweren Arbeiten auf Maschinen abgewälzt und die Leitung derselben raubt den Bürgern nur wenige Stunden des Tages. Jeder, der erwacht, kann sagen: der Tag ist mein.

Die Armut ist von der Erde, wo sie entsetzliches Unglück Jahrtausende lang anrichtete, entflohen. Jeder lebt ohne Sorgen um des Leibes Notdurft. Die Wohnungen sind gesund und bequem. Keiner kann mehr den anderen ausbeuten, denn um den Stärkeren sind Schranken gelegt, und den Schwächeren schützt die Gesamtheit.

Wir nehmen also an, daß die mißlichen politischen und sozialen Verhältnisse, deren Betrachtung so viele zur Überzeugung führte, daß das Leben der Mühe darum nicht wert sei, sämtlich zum Wohle jedes Menschen geordnet seien. Wenig Arbeit, viel Vergnügen: das ist die Signatur des Lebens in unserem Staate.

Zugleich nehmen wir an, daß die Menschen, im Laufe der Zeit, durch Leiden, Erkenntnis und allmähliche Entfernung aller schlechten Motive, maßvolle und harmonische Wesen geworden sind, kurz, daß wir es nur noch mit schönen Seelen zu tun haben. Sollte wirklich noch irgendetwas in unserem Staate sein, was die Leidenschaft oder den Seelenschmerz erregen könnte, so findet das erregte Individuum bald sein Gleichgewicht wieder und die harmonische Bewegung ist wiederhergestellt.

Der überspannteste Anbeter des Willens zum Leben wird eingestehen müssen, daß in Anbetracht, daß der Mensch nicht ganz frei von Arbeit sein kann, da er essen, sich kleiden und wohnen muß, eine bessere gesellschaftliche Ordnung und Wesen, welche die Bedingungen zu einem besseren Leben in sich trügen, nicht möglich sind; denn wir haben allen Menschen eine edle Individualität gegeben und vom Leben alles fortgenommen, was man als nicht wesentlich damit verbunden ansehen kann.

Es verbleiben mithin nur vier Übel, die durch keine menschliche Macht vom Leben getrennt werden können: Wehen der Geburt, sowie Krankheit, Alter und Tod jedes Individuums. Der Mensch im allervollkommensten Staate muß mit Schmerzen geboren werden, er muß eine kleinere oder größere Anzahl von Krankheiten durchmachen, er muß, wenn ihn nicht

in der Jugend Kraft
Die Norne rafft,
Uhland

alt, d.h. körperlich siech und geistig stumpf werden; schließlich muß er sterben.

Die kleineren mit dem Dasein verknüpften Übel rechnen wir für nichts; doch wollen wir einige davon erwähnen. Wir haben zuerst den Schlaf, der ein Drittel der Lebenszeit raubt (ist das Leben eine Freude, so ist selbstverständlich der Schlaf ein Übel); dann die erste Kindheit, welche nur dazu dient, den Menschen mit den Ideen und ihrem Zusammenhang soweit vertraut zu machen, um sich in der Welt zurechtfinden zu können (ist das Leben eine Freude, so ist die erste Kindheit selbstredend ein Übel); dann die Arbeit, die sehr richtig im alten Testament als Folge eines göttlichen Fluchs hingestellt wird; endlich verschiedene Übel, welche Papst Innozenz III. wie folgt zusammenstellte:

Unreine Erzeugung, ekelhafte Ernährung im Mutterleibe, Schlechtigkeit des Stoffs, woraus der Mensch sich entwickelt, scheußlicher Gestank, Absonderung von Speichel, Urin und Kot.

Man halte diese Übel nicht für allzu gering. Wer eine gewisse Stufe der Nervenverfeinerung erreicht hat, nimmt mit Recht Anstoß an mehreren derselben. Konnte doch Byron die Gräfin Guiccioli nicht einmal essen sehen, wovon der Grund viel tiefer lag, als der englische Spleen liegt.

Wir übergehen, wie gesagt, diese Übel und verbleiben bei den erwähnten vier Hauptübeln. Aber auch von diesen legen wir drei auf die Seite. Wir nehmen an, daß die Geburt des Menschen in Zukunft ohne Schmerzen von statten gehe, daß es der Wissenschaft gelinge, den Menschen vor jeder Krankheit zu bewahren, schließlich, daß das Alter solcher beschirmten Menschen ein frisches und kräftiges sei, welchem ein sanfter schmerzloser Tod plötzlich ein Ende mache (Euthanasie).

Nur den Tod können wir nicht fortnehmen, und wir haben mithin ein kurzes leidloses Leben vor uns. Ist es ein glückliches? Sehen wir es genau an.

Die Bürger unseres idealen Staates sind Menschen von sanftem Charakter und entwickelter Intelligenz. Ein, so zu sagen, fertiges Wissen, frei von Verkehrtheit und Irrtum, ist ihnen eingeprägt worden, und, wie sie auch darüber nachdenken mögen, sie finden es immer bestätigt. Es gibt keine Wirkungen mehr, deren Ursachen rätselhaft wären. Die Wissenschaft hat tatsächlich den Gipfel erreicht, und jeder Bürger wird mit ihrer Milch gesättigt. Der Schönheitssinn ist mächtig in allen entfaltet. Dürfen wir auch nicht annehmen, daß alle Künstler sind, so haben sie doch alle die Fähigkeit, leicht in die ästhetische Relation einzutreten.

Alle Sorgen sind von ihnen genommen, denn die Arbeit ist in unübertrefflicher Weise organisiert und jeder regiert sich selbst.

Sind sie glücklich? Sie wären es, wenn sie nicht eine entsetzliche Öde und Leere in sich empfänden. Sie sind der Not entrissen, sie sind wirklich ohne Sorgen und Leid, aber dafür hat die Langeweile sie erfaßt. Sie haben das Paradies auf Erden, aber seine Lust ist erstickend schwül.

> *Man muß etwas zu wünschen übrig haben, um nicht vor lauter Glück unglücklich zu sein. Der Leib will atmen und der Geist streben.*
> Gracian

Sollten sie wirklich noch genug Energie haben, um ein solches Leben bis zum natürlichen Tode zu ertragen, so haben sie gewiß nicht den Mut, es nochmals, als verjüngte Wesen, durchzumachen. Die Not ist ein schreckliches Übel, die Langeweile aber das schrecklichste von allen. Lieber ein Dasein der Not, als ein Dasein der Langeweile, und daß schon jenem die völlige Vernichtung vorzuziehen ist, muß ich gewiß nicht erst nachweisen. Und so hätten wir zum Überfluß auch indirekt gezeigt, daß das Leben im besten Staate unserer Zeit wertlos ist. Das Leben überhaupt ist ein »elend jämmerliches Ding«: es war immer elend und jämmerlich und wird immer elend und jämmerlich sein, und Nichtsein ist besser als Sein.

Nun könnte man aber sagen: wir geben alles zu, nur nicht, daß das Leben in diesem idealen Staate wirklich langweilig sei. Du hast den Bürger falsch gezeichnet und deine Schlüsse aus seinem Charakter und seinen Beziehungen sind deshalb falsch.

Durch einen direkten Beweis kann ich diesen Zweifel nicht beheben; wohl aber durch einen indirekten.

Ich werde mich nicht auf den allgemein anerkannten Erfahrungssatz stützen, daß Leute, welche der Not glücklich entronnen sind, mit dem Dasein nichts anzufangen wissen; denn man kann hiergegen mit Recht einwenden, daß sie sich, aus Mangel an Geist oder Bildung, nicht zu beschäftigen wüßten. Noch weniger werde ich das Dichterwort zu Hilfe rufen:

Alles in der Welt läßt sich ertragen,
Nur nicht eine Reihe von schönen Tagen.
Goethe

obgleich es eine unumstößliche Wahrheit ausspricht. Ich stütze mich lediglich darauf, daß, wenn es auch auf dieser

Erde noch keinen idealen Staat gegeben hat, doch schon viele Bürger, wie ich sie oben schilderte, gelebt haben. Sie waren frei von Not und führten ein behaglich arbeitsames Leben. Sie hatten einen edlen Charakter und einen hochentwickelten Geist, d. h. sie hatten eigene Gedanken und nahmen fremde nicht ungeprüft in sich auf.

Alle diese einzelnen hatten den großen Vorzug vor den gedachten Bürgern eines idealen Staates, daß ihre Umgebung eine viel saftigere und interessantere war. Wohin sie blickten, fanden sie ausgeprägte Individualitäten, eine Fülle von markigen Charakteren. Die Gesellschaft war noch nicht nivelliert und auch die Natur befand sich nur zum kleinsten Teil unter der Botmäßigkeit des Menschen. Sie lebten unter dem Reize der Gegensätze; ihre behagliche eremierte Stellung schwand selten aus ihrem Bewußtsein, denn sie hob sich, wohin sie auch sehen mochten, wie ein helles Bild von dunklem Hintergrund, von den anderen Lebensformen ab. Die Wissenschaft war ferner noch nicht auf dem Gipfel der Vollendung angelangt; noch gab es Rätsel in Menge, Wirkungen genug, über deren Ursachen man sich den Kopf zerbrach. Und wer schon empfunden hat, welche reine Freude im Suchen nach der Wahrheit, im Verfolgen ihrer Spur liegt, der wird zugestehen, daß jene einzelnen tatsächlich im Vorteil waren; denn hatte nicht Lessing recht, als er ausrief:

Wenn Gott in seiner Rechten alle Wahrheit und in seiner Linken den einzig inneren regen Trieb nach Wahrheit, obschon mit dem Zusatze, mich immer und ewig zu irren, verschlossen hielte und zu mir spräche: wähle! ich fiele ihm mit Demut in seine Linke.

Und trotzdem haben alle diese hervorragenden einzelnen, welche eine Kette bilden, die aus der Urzeit des Menschengeschlechts bis in unsere Tage reicht, das Leben als ein wesentlich glückloses verurteilt und das Nichtsein über dasselbe gestellt. Ich werde mich nicht damit aufhalten, sie alle zu nennen und ihre treffendsten Aussprüche zu wiederholen. Ich beschränke mich darauf, zwei von ihnen namhaft zu machen, die uns näher stehen als Buddha und Salomo, und die alle Gebildeten kennen: den größten Dichter und den größten Naturforscher der Deutschen, Goethe und Humboldt.

Ist es nötig, daß ich ihre glücklichen Lebensumstände erzähle, ihren Geist und ihren Charakter preise? Ich will nur wünschen, daß alle Menschen im Besitze einer so vortrefflichen Individualität sein und in so günstiger Lage, wie sie eine hatten, sich befinden möchten. Und was sagte Goethe?

»Wir leiden alle am Leben.«

»Man hat mich immer als einen vom Glück besonders Begünstigten gepriesen; auch will ich mich nicht beklagen und den Gang meines Lebens nicht schelten. Allein im Grunde ist es nichts als Mühe und Arbeit gewesen, und ich kann wohl sagen, daß ich in meinen fünfundsiebzig Jahren keine vier Wochen eigentliches Behagen gehabt. Es war das ewige Wälzen eines Steins, der immer von neuem gehoben sein wollte.«

Gespräche mit Eckermann

Und was sagt Humboldt?

»Ich bin nicht geschaffen, um Familienvater zu sein. Außerdem halte ich das Heiraten für eine Sünde, das Kindererzeugen für ein Verbrechen.

Es ist auch meine Überzeugung, daß derjenige ein Narr, noch mehr ein Sünder ist, der das Joch der Ehe auf sich nimmt. Ein Narr, weil er seine Freiheit damit von sich wirft, ohne eine entsprechende Entschädigung zu gewinnen; ein Sünder, weil er Kindern das Leben gibt, ohne ihnen die Gewißheit des Glücks geben zu können. Ich verachte die Menschheit in allen ihren Schichten; ich sehe es voraus, daß unsere Nachkommen noch weit unglücklicher sein werden, als wir –; sollte ich nicht ein Sünder sein, wenn ich trotz dieser Ansicht für Nachkommen, d. h. für Unglückliche sorgte? –
Das ganze Leben ist der größte Unsinn. Und wenn man achtzig Jahre strebt und forscht, so muß man sich doch endlich gestehen, daß man nichts erstrebt und nichts erforscht hat. Wüßten wir nur wenigstens, warum wir auf dieser Welt sind. Aber alles ist und bleibt dem Denker rätselhaft, und das größte Glück ist noch das, als Flachkopf geboren zu sein. Memoiren

»Wüßten wir nur wenigstens, warum wir auf dieser Welt sind!« Also im ganzen reichen Leben dieses begabten Mannes nichts, nichts, was er als Zweck des Lebens hätte auffassen können. Nicht die Schaffensfreude, nicht die köstlichen Momente genialen Erkennens: nichts!

Und in unserem idealen Staate sollten die Bürger glücklich sein?

Im Wohlleben liegt kein Glück und keine Befriedigung; folglich ist es auch kein Unglück, dem Wohlleben entsagen zu müssen. Aber es ist ein großes Unglück, ein Glück in das Wohlleben zu setzen und nicht erfahren zu können, daß kein Glück darin liegt.

Und dieses Unglück, das nagende und das Herz durchzuckende, ist die treibende Kraft im Leben der niederen Volksgruppen, welche sie auf den Weg der Erlösung peitscht. Es verzehren sich die Armen in Sehnsucht nach den Häusern, den Gärten, den Gütern, den Reitpferden, den Karossen, dem Champagner, den Brillanten und Töchtern der Reichen.

Nun gebt ihnen all diesen Tand. Erhebt euch und tretet herab von der lichtvollen Höhe, von wo aus ihr das gelobte Land der ewigen Ruhe mit trunkenen Blicken gesehen habt; wo ihr erkennen mußtet, daß das Leben wesentlich glücklos ist; wo die Binde von euren Augen fallen mußte; – tretet herab in das dunkle Tal, durch das sich der trübe Strom der Enterbten wälzt und legt eure zarten, aber treuen, reinen, tapferen Hände in die schwieligen eurer Brüder. »Sie sind roh.« So gebt ihnen Motive, die sie veredeln. »Ihre Manieren stoßen ab.« So verändert sie. »Sie glauben, das Leben habe Wert. Sie halten die Reichen für glücklicher, weil sie besser essen, trinken, weil sie Feste geben und Geräusch machen. Sie meinen, das Herz schlage ruhiger unter Seide als unter dem groben Kittel.« So enttäuscht sie; aber nicht mit Redensarten, sondern durch die Tat. Laßt sie erfahren, selbst schmecken, daß weder Reichtum, Ehre, Ruhm, noch behagliches Leben glücklich machen. Reißt die Schranken ein, welche die Betörten vom vermeintlichen Glück trennen; und sie werden wie aus den Wolken fallen. Dann werden sie klagen: wir haben geglaubt, so glücklich zu sein, und es hat sich in uns nichts wesentlich geändert.

Satt von allen Genüssen, welche die Welt bieten kann, müssen erst alle Menschen sein, ehe die Menschheit reif für die Erlösung werden kann, und da ihre Erlösung ihre Bestimmung ist, so müssen die Menschen satt werden, und die Sättigung führt nur die gelöste soziale Frage herbei.

Jetzt können wir den Gedanken zu Ende bringen.

Wir stoßen zunächst unseren idealen Staat wieder um. Er war ein Phantasiegebilde und wird nie in die Erscheinung treten.

Was aber nicht geleugnet werden kann, das ist die reale Entwicklung der menschlichen Gattung und daß eine Zeit kommen wird, wo nicht der von uns konstruierte, aber doch ein idealer Staat errichtet wird. Die Gesellschaft wird tatsächlich in demselben nivelliert sein und jeder Bürger die Segnungen einer hohen geistigen Kultur erfahren. Die ganze Menschheit wird schmerzloser leben als jetzt, als jemals.

Hieraus ergibt sich eine notwendige, mit unwiderstehlicher Gewalt sich vollziehende Bewegung der Menschheit, welche keine Macht aufzuhalten oder abzulenken vermag. Sie stößt die Wollenden und die Nichtwollenden unerbittlich auf der Bahn weiter, die zum idealen Staate führt, und er muß in die Erscheinung treten. Diese reale, unabänderliche Bewegung ist ein Teil des aus den Bewegungen aller einzelnen, im dynamischen Zusammenhang stehenden Ideen kontinuierlich sich erzeugenden Weltlaufs und enthüllt sich hier als notwendiges Schicksal der Menschheit. Es ist ebenso stark, ebenso jedem Einzelwesen an Kraft und Macht überlegen – weil es ja auch die Wirksamkeit jedes bestimmten Einzelwesens in sich enthält – wie der Wille einer einfachen Einheit in, über oder hinter der Welt, und wenn die immanente Philosophie es an die Stelle dieser einfachen Einheit setzt, so füllt es den Platz vollkommen aus. Während aber die einfache Einheit geglaubt werden muß und stets Anfechtungen und Zweifeln ausgesetzt war und sein wird, wird das Wesen des Schicksals, vermöge der zur Gemeinschaft erweiterten allgemeinen Kausalität, vom Menschen klar erkannt und kann deshalb niemals bestritten werden.

Die Bewegung der Menschheit nach dem idealen Staate ist eine Tatsache; allein es bedarf nur eines kurzen Nachdenkens, um einzusehen, daß im Leben des Ganzen so wenig wie im Leben des einzelnen je ein Stillstand eintreten kann. Die Bewegung muß eine rastlose sein bis dahin, wo überhaupt von Leben nicht mehr geredet werden kann. Befindet sich die Menschheit demnach im idealen Staate, so kann keine Ruhe eintreten. Aber wohin soll sie sich dann noch bewegen können? Es gibt nur eine einzige Bewegung noch für sie: es ist die Bewegung nach der völligen Vernichtung, die Bewegung aus dem Sein in das Nichtsein.

Meine Philosophie blickt über den idealen Staat hinaus, blickt über Kommunismus und freie Liebe hinaus, und lehrt nach einer freien, leidfreien Menschheit den Tod der Menschheit. Im idealen Staate, d.h. in den Formen des Kommunismus und der freien Liebe, wird die Menschheit das »hippokratische Gesicht« zeigen: sie ist dem Untergang geweiht und wird das »große Opfer«, wie die Inder sagen, bringen, d.h. sterben. In welcher Weise es gebracht werden wird, kann niemand bestimmen. Es kann auf einem allgemeinen moralischen Beschluß beruhen, der sofort ausgeführt wird, oder dessen Ausführung man der Natur überläßt. Es kann aber auch in anderer Weise bewerkstelligt werden. Jedenfalls wird das Gesetz der geistigen Ansteckung, welches sich so machtvoll beim Auftreten des Christentums, in den Kreuzzügen (und neuerdings in den Wallfahrten in Frankreich und in der Betseuche in Amerika) offenbarte, die letzten Vorgänge in der Menschheit leiten. Es wird sein wie zur Zeit Dantes, wo das Volk die Straßen von Florenz mit dem Rufe durchzog:

Morte alla nostra vita! Evviva la nostra morte!
(Tod unserem Leben! Hoch lebe unser Tod!) ---

Man könnte hier auch die Frage aufwerfen, wann das große Opfer gebracht werden wird.

Blickt man lediglich auf die dämonische Macht des Geschlechtstriebs und die große Liebe zum Leben, welche fast alle Menschen zeigen, so ist man versucht, den Zeitpunkt für die Erlösung der Menschheit in die fernste, fernste Zukunft zu stellen.

Erwägt man dagegen die Stärke der Strömungen auf allen Gebieten des Staates; die Hast und Ungeduld, die jede Brust dämonisch erzittern macht; die Sehnsucht nach Ruhe auf dem Grund der Seele; erwägt man ferner, daß um alle Völker bereits unzerreißbare Fäden gesponnen sind, die sich täglich vermehren, so daß kein Volk mehr einen langsamen, abgeschlossenen Kulturgang haben kann; daß wilde Völker, in den Strudel der Zivilisation getrieben, in eine am Marke ihrer Kraft zehrende Aufregung kommen, gleichsam fieberkrank werden; erwägt man endlich die ungeheuere Gewalt der geistigen Ansteckung – so gibt man der Zivilisation keinen längeren Lauf als ein platonisches Jahr, das man 5000 v. Chr. beginnen lassen kann. Dann aber, wenn man bedenkt, daß hiernach die Menschheit noch über 3000 Jahre sich hinschleppen müßte, läßt man auch diese Bestimmung fallen, und es scheint ein Zeitraum von nur noch wenigen Jahrhunderten der größte zu sein, den man annehmen darf.

Wir können ferner sagen, daß der Tod der Menschheit den Tod des ganzen organischen Lebens auf unserem Planeten zur Folge haben wird. Wahrscheinlich schon vor dem Eintritt der Menschheit in den idealen Staat, gewiß in diesem, wird dieselbe das Leben der meisten Tiere (und Pflanzen) in ihrer Hand halten, und sie wird ihre »unmündigen Brüder«, namentlich ihre treuen Haustiere, nicht vergessen, wenn sie sich erlöst. Es werden die höheren Organismen sein. Die niederen aber werden, durch die herbeigeführte Veränderung auf dem Planeten, die Bedingungen ihrer Existenz verlieren und erlöschen.

Blicken wir jetzt wieder auf die ganze Welt, so lassen wir zunächst die Wirkung auf sie einfließen, welche die Erlöschung alles organischen Lebens auf der Erde auf sie, in allen ihren Teilen, ausüben muß, ohne uns anzumaßen, das »Wie« anzugeben. Dann halten wir uns an die Tatsache, welche wir den Astronomen verdanken, daß sämtliche Weltkörper, durch den Widerstand des Äthers, ihre Bahnen allmählich verengern und schließlich alle in die echte Zentralsonne stürzen werden.

Die Neubildungen, welche aus diesen partiellen Weltbränden entstehen werden, dürfen uns nicht beschäftigen. Wir stellen uns sofort an dasjenige Glied der Entwicklungsreihe, welches uns nur noch feste oder flüssige Körper zeigt. Alle Gase sind aus dem Weltall verschwunden, d.h. die zähe Kraftsumme hat sich derartig geschwächt, daß nur noch feste und flüssige Körper das Weltall konstituieren. Am besten nehmen wir an, daß alles, was dann noch existiert, nur flüssig ist.

Der Erlösung dieser Flüssigkeiten steht jetzt absolut nichts mehr im Wege. Jede hat freie Bahn: jeder gedachte

Teil derselben geht durch den idealen Punkt und sein Streben ist erfüllt, d. h. er ist in seinem innersten Wesen vernichtet.

Und dann?

Dann ist Gott tatsächlich aus dem Übersein, durch das Werden, in das Nichtsein übergetreten; er hat durch den Weltprozeß gefunden, was er, von seinem Wesen verhindert, nicht sofort erreichen konnte: das Nichtsein.

Erst ging das transzendente Gebiet unter, – jetzt ist (in unseren Gedanken) auch das immanente vergangen; und wir blicken, je nach unserer Weltanschauung, entsetzt oder tief befriedigt, in das absolute Nichts, die absolute Leere, in das nihil negativum.

Es ist vollbracht!

V. Der Heilige und der Teufel

Alle Tugend beruht entweder auf einem in dem Fluß des Werdens gewordenen guten Willen: eine edle Willensqualität wurde auf irgendeine Weise erweckt, vererbte sich und wurde dann unter günstigen Umständen immer fester, bis in einem Individuum ein wahrhaft barmherziger Wille in die Erscheinung trat; oder sie beruht auf der Erkenntnis: eine Erkenntnis klärt irgendeinen Menschen über sein wahres Wohl auf und entzündet sein Herz. Ein ursprünglich guter Wille ist also nicht Bedingung einer moralischen Handlung. Moralische Handlungen können aus dem Mitleid fließen, müssen es aber nicht.

Der Egoismus des Menschen äußert sich nicht nur darin, daß er sich im Dasein erhalten will, sondern auch darin, daß er die »größtmögliche Summe von Wohlsein, jeden Genuß, zu dem er fähig ist« will, aber auch darin, daß er von Schmerzen, die er nicht umgehen kann, die kleinsten will. Hieraus ergibt sich die Aufgabe für den Intellekt von selbst: er hat das allgemeine Wohl des Willens allein im Auge und bestimmt es durch abstrakte Erkenntnis, durch die Vernunft. Auf diese Weise wird der natürliche Egoismus in den geläuterten verwandelt, d. h. der Wille bindet seine Triebe so weit, als das erkannte Wohl es verlangt. Dieses Wohl hat mehrere Stufen. Es wird von dem Willen zuerst praktisch erstrebt, indem er sich versagt, zu stehlen, zu morden, Rache zu nehmen, damit nicht er bestohlen, gemordet und Rache an ihm genommen werde; dann beschränkt er sich immer weiter, bis er zuletzt sein höchstes Wohl im Nichtsein erkennt und demgemäß handelt. Überall ist hier die Vernunft tätig und wirkt, auf Grund der Erfahrung, durch abstrakte Begriffe. Zu diesem Zweck hat eben der blinde, bewußtlose Wille einen Teil seiner Bewegung gespalten, damit er sich in einer anderen Weise, als vorher, bewegen könne, geradeso wie er Pflanze und Tier wurde, weil er sich anders bewegen wollte, denn als chemische Kraft. Doch wäre es ein Wahn zu glauben, daß diese Akte frei gewesen seien. Jeder Übergang in eine andere Bewegung wurde und wird durch die reale notwendige Entwicklung vermittelt. Alle Bewegungen aber sind Folgen einer ersten Bewegung, die wir als eine freie bezeichnen müssen. So ist die Vernunft, die wir ein befreiendes Prinzip nennen können, mit Notwendigkeit geworden und so wirkt sie mit Notwendigkeit: nirgends ist Platz in der Welt für die Freiheit.

Ich sage nicht, daß der Wille, nach Aufstellung irgendeines ihn beschränkenden allgemeinen Wohles, nun auch immer diesem gemäß handeln müsse. Nur eine geschmeckte Erkenntnis, wie die Mystiker sagen, ist fruchtbar, nur ein entzündeter Wille kann gern gegen seinen Charakter handeln. Aber wenn sich der Wille erlösen will, so kann er es nur durch die Vernunft, mit ihren, von Schopenhauer so verächtlich behandelten Begriffen.

Sie ist es, die, durch Erfahrung und Wissenschaft, dem Menschen das Leben in allen seinen Formen vorlegt, ihn prüfen, vergleichen und schließen läßt und ihn endlich zur Erkenntnis führt, daß Nichtsein allem Sein vorzuziehen ist. Und ist der Wille disponiert und drängt diese abstrakte Erkenntnis mit unwiderstehlicher Gewalt auf ihn ein, dergestalt, daß aus ihm heraus ein heftiges Verlangen ihr entgegenschlägt, so ist das Heilswerk vollbracht auf dem allernatürlichsten Wege, ohne intuitive

Erkenntnis, ohne Zeichen und Wunder. Darum war einst der echte Glaube und ist heutzutage das zündende Wissen unbedingt nötig, um selig zu werden. Nicht in Augenblicken überirdischer Verzückung, sondern, scharf beobachtend und anhaltend denkend, erkennt der Mensch in Begriffen, und schaut nicht auf wunderbare Weise an, daß alles individueller Wille zum Leben ist, der in keiner Lebensform, es sei die des Bettlers oder des Königs, glücklich sein kann.

Entzündet die erwähnte Erkenntnis das Herz, so muß der Mensch in die Wiedergeburt mit derselben Notwendigkeit, mit der ein Stein zur Erde fallen muß. Und deshalb kann auch Tugend gelehrt werden, muß Tugend gelehrt werden; nur kann ich von einem philosophisch Rohen nicht verlangen, daß er sein höchstes Wohl im Nichtsein erkenne. Dazu gehört hohe Bildung und der umfassendste geistige Horizont, wenn nicht das Herz schon bei der Zeugung eine asketische Richtung erhalten hat. Der Rohe kann nur in den Gütern der Welt, in Reichtum, Ehren, Ruhm, Genuß etc. sein Wohl erkennen. Befähigt ihn durch echte Bildung, es höher zu suchen, so gebt ihr ihm auch die Möglichkeit, es zu finden.

Der von der Erkenntnis, daß Nichtsein besser ist als Sein, entzündete Wille also ist das oberste Prinzip aller Moral (ein untergeordnetes Prinzip ist der ursprünglich barmherzige Wille). Weder ist es das Mitleid, noch die mystische Durchschauung des principii individuationis, und die dänische Sozietät der Wissenschaften hatte vollkommen Recht, Schopenhauers Schrift nicht zu krönen.

Aus dem also entzündeten Willen fließt die Virginität, die Heiligkeit, die Feindesliebe, die Gerechtigkeit, kurz alle Tugend, und die Verwerflichkeit der widernatürlichen Wollust von selbst, denn der bewußte Wille zum Tode schwebt über der Welt.

Immer aber sind auch die Handlungen des Heiligen egoistisch, denn er handelt nunmehr seiner erleuchteten Natur gemäß, die sein Ich ist, sein Selbst, das nicht verleugnet werden kann. Immer sind auch seine Handlungen notwendig, denn sie fließen aus einem bestimmten Charakter und einem bestimmten Geiste, unter bestimmten Umständen in jedem Augenblicke seines Lebens.

Es ist ganz undenkbar, daß sich der Mensch durch irgend etwas anderes als sein Wohl bewegen lassen könne. Schenkt jemand Millionen an Arme, so geschieht es, im besten Sinne, nur um seinem Herzen den Frieden wiederzugeben, den ihm die Vorstellung des Elends anderer geraubt hat. Schenkt jemand überhaupt gerne, so geschieht es nur, weil die Freude am hellsten in ihm lodert, wenn andere beglückt sind, und weil er diese helllodernde Freude in seiner Brust will, deshalb schenkt er. Welchen Fall man auch erdenken mag, immer ist es das eigene Wohl, das offen oder mit tausend Hüllen verdeckt, den Menschen zum Handeln bewegt.

Der Phrase muß überall entgegengetreten werden; am unerbittlichsten aber auf dem Gebiete der Philosophie, weil sie hier den größten Schaden anrichten kann. Man muß sie verfolgen wie ein wildes Tier; sie ist gemeinschädlich im höchsten Grade. Die Phrase par excellence aber ist: daß die Abwesenheit aller egoistischen Motivation das Kriterium einer moralischen Handlung sei (Kant, Schopenhauer).

Ist nun jede Handlung auch egoistisch, so darf nicht übersehen werden, wie sehr Handlungen von Handlungen, dem Grade des Egoismus nach, verschieden sind. Der Mensch, der sich vom Leben abgewandt hat und nur noch den Tod will, ist ein Egoist wie der, welcher das Leben mit aller Macht will; aber der Egoismus des ersteren ist nicht der natürliche, den man gewöhnlich schlechtweg Egoismus oder Selbstsucht nennt.

Mit anderen Worten, der ursprünglich gute Wille sowohl, als der schlechte, können sich nur dann entzünden, d. h. sich dem Allgemeinen ganz und voll hingeben, sich gern in die Richtung der Bewegung der Menschheit stellen, wenn ihnen die Erkenntnis einen großen Vorteil davon verspricht.

Ist dies möglich?

Der natürliche Egoist, dessen Wahlspruch ist: Pereat mundus, dum ego salvus sim, zieht sich vor dem Gebot ganz auf sich zurück und stellt sich der realen Bewegung feindlich entgegen. Er denkt nur an seinen persönlichen Vorteil und kann er ihn nur (ohne jedoch mit den Gesetzen in Konflikt zu kommen) auf Kosten der Ruhe und des Wohlstandes vieler erlangen, so bekümmern ihn die Klagen und Schmerzen dieser vielen in keiner Weise. Er läßt die Goldstücke durch die Finger gleiten, und für die Tränen der Beraubten sind seine Sinne wie tot.

Ferner: der durch natürliche Anlage Gerechte und Barmherzige wird zwar jedem gern das Seine lassen und hie und da die Not seiner Mitmenschen lindern; aber sich derartig in die Bewegung der Menschheit einstellen, daß er seine ganze Habe opfert, Weib und Kind verläßt und sein Blut verspritzt für das Wohl der Menschheit: das wird er nicht.

Das Christentum drohte seinen Bekennern mit der Hölle und versprach ihnen das Himmelreich, aber die immanente Ethik kennt kein Gericht nach dem Tode, keine Belohnung, keine Bestrafung einer unsterblichen Seele. Dagegen kennt sie die Hölle des gegenwärtigen Staates und das Himmelreich des idealen Staates und indem sie auf beide hinweist, steht sie fest auf der Physik.

So erfaßt sie jeden da, wo er in der Menschheit und im Leben wurzelt und ruft ihm zu: du lebst in deinen Kindern fort, in deinen Kindern feierst du deine Wiedergeburt, und was sie treffen wird, das trifft dich in ihnen. So lange aber der ideale Staat nicht real geworden ist, so lange wechseln die Lagen und Stellungen im Leben. Der Reiche wird arm und der Arme wird reich; der Mächtige wird gering und der Geringe mächtig; der Starke wird schwach und der Schwache stark. In einer solchen Ordnung der Dinge bist du heute Amboß, morgen Hammer, heute Hammer, morgen Amboß. Du handelst also gegen dein allgemeines Wohl, wenn du diese Ordnung der Dinge aufrechtzuerhalten bestrebt bist. Dies ist die Drohung der immanenten Ethik; ihre Verheißung aber ist der ideale Staat, d. h. eine Ordnung der Dinge, in welchem alles vom Leben abgetrennt ist, was nicht wesentlich damit verbunden ist: Elend und Not. Sie flüstert dem armen Menschenkind zu: es wird keine Angst und kein Geschrei mehr sein, es werden keine Tränen und keine müden Augen mehr sein wegen Not und Elends.

Dieses Wissen des Menschen, der im Leben wurzelt – denn dies ist Bedingung: er muß ungebrochener Wille zum Leben sein, muß leben und über den Tod hinaus im Leben sich erhalten wollen – dieses Wissen des Menschen, sage ich,

1. daß er in seinen Kindern weiterlebt, oder, allgemein ausgedrückt, daß er in der Menschheit wurzelt, nur in ihr und durch sie sich im Leben erhalten kann;
2. daß die jetzige Ordnung der Dinge den Wechsel der Lagen notwendig bedingt (die Hamburger sagen: der Geldsack und der Bettelsack hängen nicht hundert Jahre vor einer und derselben Türe);
3. daß im idealen Staate das denkbar beste Leben allen garantiert ist;
4. schließlich, daß die Bewegung der Menschheit, trotz der Nichtwollenden und Widerstrebenden den idealen Staat zum Ziele hat und erreichen wird;

dieses Wissen, diese jedem Denkenden sich aufdrängende Erkenntnis kann den Willen entzünden: allmählich oder blitzschnell. Dann tritt er vollständig in die Bewegung der Gesamtheit ein, dann schwimmt er mit dem Strome. Er steht in der Bewegung des Schicksals, er handelt in Übereinstimmung mit dessen Gebot und gern, d.h. seine Handlungen sind eminent moralisch und sein Lohn ist: Friede mit sich selbst, reines helles Glück.

Der Bewegung der Menschheit nach dem idealen Staate wird allerdings die andere, aus dem Sein in das Nichtsein, folgen, oder, mit anderen Worten: die Bewegung der Menschheit überhaupt ist die Bewegung aus dem Sein in das Nichtsein. Halten wir aber beide Bewegungen getrennt, so tritt, wie aus der ersteren das Gebot der vollen Hingabe an das Allgemeine getreten ist, aus der letzteren das Gebot der Virginität, die in der christlichen Religion allerdings nicht gefordert, aber als die höchste und vollkommenste Tugend anempfohlen wurde; denn wenn auch die Bewegung sich vollziehen wird trotz tierischem Geschlechtstrieb und trotz Wollust, so tritt sie doch an jeden einzelnen mit der ernsten Forderung heran keusch zu sein, damit sie rascher zum Ziele komme.

Vor dieser Forderung schrecken Gerechte und Ungerechte, Barmherzige und Hartherzige, Helden und Verbrecher zurück, und mit Ausnahme der wenigen, welche, wie Christus sagte, aus Mutterleibe verschnitten geboren wurden, kann kein Mensch sie gern erfüllen, ohne eine totale Umwandlung seines Willens erfahren zu haben. Alle Umwandlungen, alle Entzündungen des Willens, die wir seither betrachtet haben, waren Umänderungen eines Willens, der das Leben auch ferner wollte, und der Held, wie der christliche Heilige, opferte es nur, d.h. er verachtete den Tod, weil er ein besseres Leben dafür erhielt. Nun aber soll der Wille nicht mehr bloß den Tod verachten, sondern er soll ihn lieben, denn Keuschheit ist Liebe zum Tode. Unerhörte Forderung! Der Wille zum Leben will Leben und Dasein, Dasein und Leben. Er will für alle Zeit leben und da er nur im Dasein verbleiben kann durch die Zeugung, so konzentriert sich sein Grundwollen im Geschlechtstrieb, der die vollkommenste Bejahung des Willens zum Leben ist und alle andern Triebe und Begierden an Heftigkeit und Stärke bedeutend übertrifft.

Wie soll nun der Mensch die Forderung erfüllen, wie soll er den Geschlechtstrieb, der sich jedem redlichen Beobachter der Natur geradezu als unüberwindlich darstellt, überwinden können? Nur die Furcht vor einer großen Strafe, in Verbindung mit einem alle Vorteile überwiegenden Vorteil, kann dem Menschen die Kraft geben, ihn zu besiegen, d.h. der Wille muß sich an einer klaren und ganz gewissen Erkenntnis entzünden. Es ist die schon oben erwähnte Erkenntnis, daß Nichtsein besser ist als Sein oder die Erkenntnis, daß das Leben die Hölle, und die süße stille Nacht des absoluten Todes die Vernichtung der Hölle ist.

Hier möchte es scheinen, als ob der Mensch, welcher in moralischer Begeisterung die Virginität glutvoll erfaßt, um den absoluten Tod, die volle und ganze Erlösung vom Dasein zu erlangen, in einem bedauerlichen Wahn liege; ferner, daß er, in der ganzen oder partiellen Verneinung des Willens zum Leben (Bejahung des Willens zum Tode) stehend, gegen die Natur, gegen das Weltall und seine Bewegung aus dem Sein in das Nichtsein handle. Aber wir dürfen getrost sein: es scheint nur so, wie ich jetzt zeigen werde.

Der den Willen zum Leben wirksam Verneinende erntet im Tode die volle und ganze Vernichtung des Typus. Er zerbricht seine Form, und keine Macht im Weltall kann sie neu bilden: sie ist für immer, in ihrer Eigentümlichkeit und der damit verbundenen Qual und Daseinspein, aus dem Buche des Lebens gestrichen. Und mehr kann er nicht verlangen, mehr verlangt er auch nicht. Durch Enthaltung vom geschlechtlichen Genusse hat er sich von der Wiedergeburt befreit, vor der sein Wille zurückschaudert, wie der Rohe vor dem Tode. Sein Typus ist erlöst: das ist sein süßer Lohn.

Dagegen findet derjenige, welcher seinen Willen zum Leben wirksam bejaht hat, keine Erlösung im Tode. Sein Typus geht allerdings auch unter und löst sich in seine Elemente auf; aber in der Wirklichkeit hat er bereits seine neue mühselige Wanderung angetreten, auf einem Wege, dessen Länge unbestimmbar ist.

Die Elemente nun, aus denen der Typus zusammengesetzt ist, bleiben in seinem Tode bestehen. Sie verlieren das typische Gepräge, die typische Besonderheit, greifen in das allgemeine kosmische Leben von neuem ein, bilden chemische Verbindungen oder treten in andere Organismen, deren Leben sie unterhalten. Daß sie bestehen bleiben, kann jedoch den Weisen nicht beunruhigen; denn erstens können sie nie mehr zu seinem individuellen Typus zusammentreten; dann weiß er sie auf der sicheren Bahn der Erlösung.

Wenden wir uns zum zweiten Einwand. Der in der Verneinung des Willens zum Leben Stehende soll gegen die Natur handeln, indem er den Geschlechtstrieb unterdrückt.

Hierauf ist zunächst ganz allgemein zu antworten, daß in einem Weltall, das in festem dynamischem Zusammenhang steht und durchaus von der Notwendigkeit beherrscht wird, absolut nichts geschehen kann, was gegen die Natur wäre. Der Heilige trat mit einem ganz bestimmten Charakter und einem ganz bestimmten Geiste ins Leben, und beide wurden im Strome der Welt ausgebildet. So kam der Moment mit Notwendigkeit, so sein Wille sich an der Erkenntnis entzünden und in die Verneinung hinein mußte. Wo ist in diesem ganzen individuellen Entwicklungsgang auch nur das kleinste Häkchen, woran man den törichten Einwand hängen könnte? Weit davon entfernt, gegen die Natur zu handeln, steht der Heilige ja mitten in der Bewegung des Weltalls, und wenn in seinem Tode sein Typus dem Weltall entfällt, so hat dies eben, mit Absicht auf den Zweck des Ganzen, geschehen müssen.

Dann haben wir darauf hinzuweisen, daß derjenige, welcher den Geschlechtstrieb unterdrückt, einen Kampf kämpft, wodurch die Kraftsumme im Weltall wirksamer geschwächt wird, als durch die vollste Hingabe an das

Leben. Wie Montaigne sehr richtig bemerkt, ist es leichter, einen Küraß durch das ganze Leben zu tragen, als keusch zu sein, und die Inder sagen: es ist leichter, einem Tiger die Beute aus dem Rachen zu reißen, als den Geschlechtstrieb unbefriedigt zu lassen. Wenn aber dies der Fall ist, so steht, auch in dieser Hinsicht, der Heilige im Dienste der Natur: er opfert ihr in Treue und beschleunigt dadurch ihren Lauf in wirksamster Weise.

Während der Lebenstrunkene die Kraft zum

Futter seiner Leidenschaft macht,
Hebbel, Judith

und

der Reiter ist, den seine Rosse verzehren,
ib.

verwendet der Keusche die Kraft dazu, um sich selbst zu beherrschen.

Der Kampf, welchen das Weltkind mit der Welt führt und dann in seinen Nachkommen fortsetzt, unaufhörlich auf Aktionen von außen reagierend, den verlegt, demutsvoll und stolz zugleich, mutig wie kein anderer, das Kind des Lichts in die eigene Brust und ficht ihn aus, aus tausend Wunden blutend. Während das Kind der Welt in tollem Jubel ausruft:

Es ist so einzig schön durchs Leben selbst zu sterben! den Strom anschwellen zu lassen, daß die Ader, die ihn aufnehmen soll, zerspringt! die höchste Wollust und die Schauder der Vernichtung ineinander zu mischen! ib.

wählt der Weise die Schauder der Vernichtung allein, indem er das absolute Nichts erwägt, und verzichtet auf die Wollust; denn nach der Nacht kommt der Tag, nach dem Sturm der süße Herzensfriede, nach dem Gewitterhimmel das reine Äthergewölbe, dessen Glanz ein kleines Wölkchen (die Beunruhigung durch den Geschlechtstrieb) seltener und immer seltener trübt, und dann der absolute Tod: Erlösung vom Leben, Befreiung von sich selbst!

Der weise Held, die reinste und herrlichste Erscheinung in der Welt, schafft sich in dieser das wahre und echte Glück, und indem er es tut, fördert er, wie kein anderer, die Bewegung des Weltalls aus dem Sein in das Nichtsein. Denn erstens weiß er, daß seine Form im Tode zerbrochen wird, und »diesen sicheren Schatz im Busen tragend«, vollständig befriedigt und nichts mehr für sich in der Welt suchend, weiht er sein Leben dem Leben der Menschheit. Hierdurch aber und durch den siegreich beendeten Kampf in seiner Brust, hat er auch, wann er einst aus dem Himmelreich seines Herzensfriedens in die Vernichtung eingeht, glorreich die Arbeit vollbracht, die er als Organismus für das Weltall vollbringen mußte.

Und der Mensch, der erst klar und deutlich erkannt hat, daß alles Leben Leiden ist, daß es, es trete in was immer für einer Form auf, wesentlich unglücklich und schmerzvoll (auch im idealen Staate) ist, so daß er, wie das Christuskind auf den Armen der Sixtinischen Madonna, nur noch mit entsetzenerfüllten Augen in die Welt blicken kann, und der dann die tiefe Ruhe erwägt, das unaussprechliche Glück in der ästhetischen Kontemplation und das, im Gegensatz zum wachen Zustande, durch Reflexion empfundene Glück des zustandslosen Schlafs, dessen Erhebung in die Ewigkeit der absolute Tod nur ist, – ein solcher Mensch muß sich entzünden an dem dargebotenen Vorteil, – er kann nicht anders. Der Gedanke: wiedergeboren zu werden, d.h. in unglücklichen Kindern rast- und ruhelos auf der dornigen und steinigen Straße des Daseins weiterziehen zu müssen, ist ihm einerseits der schrecklichste und verzweiflungsvollste, den er haben kann; andererseits ist der Gedanke: die lange, lange Entwicklungsreihe abbrechen zu können, in der er immer mit blutenden Füßen, gestoßen, gepeinigt und gemartert, verschmachtend nach Ruhe, vorwärts mußte, der süßeste und erquickendste. Und ist er nur erst auf der richtigen Bahn, so beunruhigt ihn mit jedem Schritt der Geschlechtstrieb weniger, mit jedem Schritt wird es ihm leichter ums Herz, bis sein Inneres zuletzt in derselben Freudigkeit, seligen Heiterkeit und vollen Unbeweglichkeit steht, wie der echte christliche Heilige. Er fühlt sich in Übereinstimmung mit der Bewegung der Menschheit aus dem Sein in das Nichtsein, aus der Qual des Lebens in den absoluten Tod, er tritt in diese Bewegung des Ganzen gern ein, er handelt eminent moralisch, und sein Lohn ist der ungestörte Herzensfriede, die »Meeresstille des Gemüts«, der Friede, der höher ist als alle Vernunft. Und dieses alles kann sich vollziehen ohne den Glauben an eine Einheit in, über oder hinter der Welt, ohne Furcht vor einer Hölle oder Hoffnung auf ein Himmelreich nach dem Tode, ohne mystische intellektuelle Anschauung, ohne unbegreifliche Gnadenwirkung, ohne Widerspruch mit der Natur und unserem Bewußtsein vom eigenen Selbst: den einzigen Quellen, aus denen wir mit Gewißheit schöpfen können, – lediglich in Folge einer vorurteilsfreien, reinen, kalten Erkenntnis unserer Vernunft, »des Menschen allerhöchste Kraft«.

So hätten wir das Glück des Heiligen, welches wir als

das größte und höchste Glück bezeichnen müssen, unabhängig von irgendeiner Religion, gefunden. Zugleich haben wir das immanente Fundament der Moral gefunden: es ist die vom Subjekt erkannte reale Bewegung der Menschheit, die die Ausübung der Tugenden: Vaterlandsliebe, Gerechtigkeit, Menschenliebe und Keuschheit fordert.

Hieraus ergibt sich auch die wichtige Konsequenz, daß die Bewegung der Menschheit so wenig eine moralische ist, wie die Dinge an sich schön sind. Vom Standpunkte der Natur aus handelt kein Mensch moralisch; der, welcher seinen Nächsten liebt, handelt nicht verdienstvoller als der, welcher ihn haßt, peinigt und quält. Die Menschheit hat nur einen Verlauf, den der moralisch Handelnde beschleunigt. Vom Standpunkt des Subjekts dagegen ist jede Handlung moralisch, die, bewußt oder unbewußt, in Übereinstimmung mit der Grundbewegung der Menschheit ist und gern geschieht. Die Aufforderung, moralisch zu handeln, zieht ihre Kraft daraus, daß sie dem Individuum entweder den vorübergehenden Seelenfrieden und ein besseres Leben in der Welt, oder den dauernden Seelenfrieden in diesem Leben und die völlige Vernichtung im Tode, also den Vorteil zusichert, früher erlöst zu werden als die Gesamtheit. Und dieser letztere Vorteil überwiegt so sehr alle irdischen Vorteile, daß er das Individuum, das ihn erkennt, unwiderstehlich in die Bahn zieht, wo er liegt, wie das Eisen an den Magnet muß.

An denjenigen Menschen, welche einen angeborenen barmherzigen Willen haben, vollzieht sich die Umwandlung am leichtesten; denn es sind Willen, die der Weltlauf bereits geschwächt, deren natürlichen Egoismus der

Weltlauf bereits in den geläuterten übergeführt hat. Das Leiden ihres Nächsten bringt in ihnen den ethischen, außerordentlich bedeutsamen Zustand des Mitleids hervor, dessen Früchte echt moralische Taten sind. Wir empfinden im Mitleid ein positives Leid in uns; es ist ein tiefes Gefühl der Unlust, das unser Herz zerreißt, und das wir nur aufheben können, indem wir den leidenden Nächsten leidlos machen.

Die Entzündung des Willens an der Erkenntnis, daß sich die Menschheit aus dem Sein in das Nichtsein bewege, und an der anderen, daß Nichtsein besser ist als Sein, oder auch an der letzteren allein, welche, unabhängig von jener, durch einen klaren Blick in die Welt erlangt werden kann, – ist die philosophische Verneinung des individuellen Willens zum Leben. Der also entzündete Wille will bis zum Tode den glücklichen Zustand des Herzensfriedens, ohne Unterbrechung, und im Tode die völlige Vernichtung, die volle und ganze Erlösung von sich selbst. Er will aus dem Buche des Lebens ausgestrichen sein für immer, er will mit der erloschenen Bewegung das Leben und mit dem Leben den innersten Kern seines Wesens vollständig verlieren. Diese bestimmte Idee will vernichtet, dieser bestimmte Typus, diese bestimmte Form, will für immer zerbrochen sein.

Die immanente Philosophie kennt keine Wunder und weiß nichts von Ereignissen in einer unerkennbaren anderen Welt zu erzählen, welche Folgen von Handlungen in dieser Welt wären. Deshalb gibt es für sie nur eine vollkommen sichere Verneinung des Willens zum Leben; es ist die durch Virginität. Wie wir in der Physik gesehen haben, findet der Mensch im Tode absolute Vernichtung; trotzdem wird er nur scheinbar vernichtet, wenn er in Kindern weiterlebt; denn in diesen Kindern ist er bereits vom Tode auferstanden: er hat in ihnen das Leben neuerdings ergriffen und es für eine Zeitdauer bejaht, die unbestimmbar ist. Dies fühlt jeder instinktiv. Die unüberwindliche Abneigung der Geschlechter nach der Begattung, im Tierreich, tritt im Menschen als eine tiefe Trauer auf.

Deshalb auch kann die immanente Philosophie der Todesstunde nicht die allergeringste Wichtigkeit und Bedeutung beilegen. In ihr steht dem Menschen keine Entscheidung mehr darüber zu, ob er das Leben nochmals will, oder tot sein will für immer. Die Reue über schlechte Taten, welche auf dem Sterbebette deshalb so oft auftritt, weil die Erkenntnis plötzlich sich ändert und man deutlich und klar einsieht, wie nutzlos doch alles irdische Streben war – alles, woran das Herz hing, muß verlassen werden – ist die törichteste Selbstquälerei. Der Sterbende sollte alles vergessen, im Hinblick darauf, daß er genug in diesem Leben gelitten und alles schon lebend verbüßt hat, und sollte sich nur an seine Nachkommen richten, sie eindringlich ermahnend, abzulassen vom Leben, dem das Leiden wesentlich ist. Und in der Hoffnung, daß seine Worte auf günstigen Boden gefallen sind, daß er bald in seinen Kindern erlöst werden wird, möge er ruhig sein Leben verhauchen.

Dagegen legt die immanente Philosophie der Stunde, in welcher ein neues Leben entzündet werden soll, die allergrößte Wichtigkeit bei; denn in ihr hat der Mensch die volle Entscheidung darüber, ob er weiterleben, oder im Tode wirklich vernichtet sein will. Nicht der Kampf des Lebens mit dem Tode auf dem Sterbebette, in dem der Tod siegt, sondern der Kampf des Todes mit dem

Leben bei der Begattung, in dem das Leben siegt, ist bedeutungsvoll. Wenn das Individuum in heftigster Leidenschaft seine Zähne in das Dasein schlägt und es mit stahlharten Armen umklammert: im Taumel der Wollust wird die Erlösung verscherzt. Im tollen ausgelassenen Jubel merkt der arme Betörte nicht, daß ihm der kostbarste Schatz aus den Händen gewunden wird. Für die kurze Wonne hat er nicht endloses, aber vielleicht langes, langes Leiden, schwere Daseinspein eingetauscht, und es frohlocken die Parzen:

Du bist unser!

während sein Genius sich verhüllt.

Wir haben oben gefunden, daß der echte Weise tatsächlich über dem Leben erhaben sein, daß sich sein Wille an der Erkenntnis der Wertlosigkeit des Lebens entzündet haben müsse. Ist nur diese Erkenntnis vorhanden, ohne daß sie gleichsam in das Blut, den Dämon, übergegangen ist, oder auch: erkennt der Wille, als Geist, daß er im Leben nie die Befriedigung finden wird, die er sucht, umschlingt er aber im nächsten Augenblick begierdevoll das Leben mit tausend Armen, so wird nie der echte Weise in die Erscheinung treten.

Dieses merkwürdige Verhältnis zwischen Willen und Geist liegt nun dem Wesen des Humoristen zu Grunde. Der Humorist kann sich nicht auf dem klaren Gipfel, wo der Weise steht, dauernd erhalten.

Der gewöhnliche Mensch geht ganz im Leben auf; er zerbricht sich nicht den Kopf über die Welt, er fragt sich weder: woher komme ich? noch: wohin gehe ich? Seine irdischen Ziele hat er immer fest im Auge. Der Weise, auf der anderen Seite, lebt in einer engen Sphäre, die er selbst um sich gezogen hat, und ist sich – auf welchem Wege ist ganz gleichgültig – klar über sich und die Welt geworden. Jeder von beiden ruht fest auf sich selbst. Nicht so der Humorist. Er hat den Frieden des Weisen gekostet; er hat die Seligkeit des ästhetischen Zustandes empfunden; er ist Gast gewesen an der Tafel der Götter; er hat gelebt in einem Äther von durchsichtiger Klarheit. Und dennoch zieht ihn eine unwiderstehliche Gewalt zurück in den Schlamm der Welt. Er entflieht ihm, weil er nur ein einziges Streben, das Streben nach der Ruhe des Grabes, billigen kann und alles andere als Torheit verwerfen muß; aber immer und immer wieder locken ihn die Sirenen zurück in den Strudel, und er tanzt und hüpft im schwülen Saale, tiefe Sehnsucht nach Ruhe und Frieden im Herzen; denn man kann ihn das Kind eines Engels und einer Tochter der Menschen nennen. Er gehört zwei Welten an, weil ihm die Kraft fehlt, einer von ihnen zu entsagen. Im Festsaale der Götter stört seine reine Freude ein Ruf von unten, und wirft er sich unten der Lust in die Arme, vergällt ihm die Sehnsucht nach oben den reinen Genuß. So wird sein Dämon hin- und hergeworfen und fühlt sich wie zerrissen. Die Grundstimmung des Humoristen ist Unlust.

Aber was in ihm nicht weicht und wankt, was felsenfest steht, was er ergriffen hat und nicht mehr losläßt, das ist die Erkenntnis, daß der Tod dem Leben vorzuziehen, »daß der Tag des Todes besser als der Tag der Geburt ist«. Er ist kein Weiser, noch weniger ein weiser Held, aber er ist dafür derjenige, welcher die Größe dieser Edlen, die Erhabenheit ihres Charakters voll und ganz erkennt und das selige Gefühl, das sie erfüllt, ganz und voll nachfühlt. Er trägt sie als Ideal in sich und weiß, daß er, weil er ein Mensch ist, in sich das Ideal verwirklichen kann, wenn – ja wenn »die Sonne günstig steht zum Gruße der Planeten«.

Hieran und an der festen Erkenntnis, daß der Tod dem Leben vorzuziehen sei, richtet er sich aus seiner Unlust auf und erhebt sich über sich selbst. Nun ist er frei von der Unlust und jetzt, was sehr zu beachten ist, wird ihm der eigene Zustand, dem er entronnen ist, gegenständlich. Er mißt ihn an dem Zustande seines Ideals und belächelt die Torheit seiner Halbheit: denn das Lachen entsteht allemal, wenn wir eine Diskrepanz entdecken, d. h. wenn wir irgend etwas an einem geistigen Maßstabe messen und es zu kurz oder zu lang finden. In die geniale Relation zu seinem eigenen Zustande getreten, verliert er jedoch nicht aus dem Auge, daß er in die belächelte Torheit bald wieder zurückfallen wird, weil er die Macht seiner Liebe zur Welt kennt, und so lacht nur das eine Auge, das andere weint, nun scherzt der Mund, während das Herz blutet und brechen möchte, nun verbirgt sich unter der Maske der Heiterkeit der tiefste Ernst.

Der Humor ist demnach eine sehr merkwürdige und ganz eigentümliche Doppelbewegung. Ihr erster Teil ist ein unlustvolles Hin- und Herschwanken zwischen zwei Welten, und ihr zweiter Teil kein rein kontemplativer Zustand. Auch in ihm schwankt der Wille zwischen der vollen Freiheit von Unlust und tränenvoller Wehmut.

Das Gleiche ist der Fall, wenn der Humorist in die Welt blickt. An jede Erscheinung in ihr legt er still sein Ideal und keine deckt dasselbe. Da muß er lächeln. Aber alsbald erinnert er sich, wie mächtig das Leben anlockt, wie unsagbar schwer es ist ihm zu entsagen, da wir ja alle durch und durch hungriger Wille zum Leben sind. Nun denkt, spricht oder schreibt er über andere ebenso köstlich milde, wie er sich beurteilt, und mit Tränen in den Augen, lächelnd, scherzend mit zuckenden Lippen, bricht ihm fast das Herz vor Mitleid mit den Menschen:

> *»Der Menschheit ganzer Jammer faßt ihn an.«*
> Goethe

Es ist klar, daß der Humorist mehr als irgendein anderer Sterblicher dazu geeignet ist, ein echter Weiser zu werden. Zündet einmal die unverlierbare Erkenntnis auf irgendeine Art im Willen, so flieht der Scherz von den lächelnden Lippen und beide Augen werden ernst.

Diejenigen, welche mit Sicherheit der Erlösung durch den Tod entgegenblicken, stehen zwar entwurzelt in der Welt und haben nur das eine Verlangen: bald aus ihrem tiefen Herzensfrieden in die volle Vernichtung überzutreten, aber ihr ursprünglicher Charakter ist nicht tot. Er ist nur in den Hintergrund getreten; und wenn er auch das Individuum nicht mehr zu Taten veranlassen kann, die ihm gemäß wären, so wird er doch dem übrigen Leben des in der Verneinung Stehenden eine besondere Färbung geben.

Aus diesem Grunde werden diejenigen, welche in der Gewißheit der individuellen Erlösung stehen, nicht eine und dieselbe Erscheinung darbieten. Nichts würde verkehrter sein, als dies anzunehmen. Der eine, der stolz und schweigsam war, wird nicht redselig und leutselig werden, der andere, dessen liebevolles Wesen überall, wohin er kam, die wohltuendste Wärme verbreitete, wird nicht scheu und finster werden, ein dritter, der melancholisch war, wird nicht ausgelassen heiter werden.

Ebenso wird die Tätigkeit und Beschäftigung nicht bei

allen die gleiche sein. Der eine wird sich von der Welt vollkommen abschließen, in die Einsamkeit entfliehen und sich, wie die religiösen Büßer kasteien, weil er von der Erkenntnis ausgeht, daß nur ein stets gedemütigter Wille in der Entsagung erhalten werden kann; ein anderer wird nach wie vor in seinem Berufe bleiben; ein dritter wird nach wie vor die Tränen der Unglücklichen stillen mit Wort und Tat; ein vierter wird kämpfen für sein Volk oder für die ganze Menschheit, wird sein ihm durchaus wertloses Leben einsetzen, damit die Bewegung nach dem idealen Staate, in welchem allein die Erlösung aller stattfinden kann, eine beschleunigtere werde.

Wer sich in der Verneinung des Willens ganz auf sich zurückzieht, verdient die volle Bewunderung der Kinder dieser Welt; denn er ist ein »Kind des Lichts« und wandelt auf dem richtigen Weg. Nur Unwissende oder Schlechte können es wagen, ihn mit Kot zu bewerfen. Aber höher muß und soll man denjenigen schätzen, der, unbeweglich im Innern, den äußeren Menschen heftig bewegen und leiden läßt, um seinen verdüsterten Brüdern zu helfen: unermüdlich, strauchelnd, blutend sich wieder erhebend, die Fahne der Erlösung nimmer aus der Hand lassend, bis er zusammenbricht im Kampfe für die Menschheit und das herrliche sanfte Licht in seinen Augen erlischt. Er ist die reinste Erscheinung auf dieser Erde; ein Erleuchteter, ein Erlöser, ein Sieger, ein Märtyrer, ein weiser Held. –

Nur darin werden alle übereinstimmen, daß sie der Gemeinheit abgestorben und unempfänglich sind für alles, was den natürlichen Egoismus bewegen kann, daß sie das Leben verachten und den Tod lieben. – Und ein Erkennungszeichen werden alle tragen: die Milde. »Sie eifern nicht, sie blähen sich nicht, sie ertragen alles, sie dulden alles«, sie verurteilen nicht und steinigen nicht, sie entschuldigen immer und werden nur freundlich den Weg anempfehlen, auf dem sie so köstliche Ruhe und den herrlichsten Frieden gefunden haben.

Wer das Leben verneint, verschmäht nur das Mittel desjenigen, welcher es bejaht; und zwar deshalb, weil er ein besseres Mittel als dieser zum gemeinsamen Zweck gefunden hat.

Und hiermit ist auch die Stellung des Weisen zu seinen Mitmenschen gegeben. Er wird sie nicht schimpfen, noch hochmütig, im Dünkel seiner bessern Erkenntnis, belächeln. Er sieht, wie sie sich mit einem Werkzeuge abquälen, das ihnen Wochen rauben wird, um zu Rande zu kommen. Da bietet er ihnen ein anderes an, das etwas mehr Anstrengung erfordert, aber in wenigen Minuten zum Ziele führt. Verstocken sie sich dagegen, so soll er sie zu überzeugen versuchen. Gelingt es nicht, so soll er sie ziehen lassen. Sie kennen wenigstens jetzt die Wahrheit, und sie arbeitet still in ihnen fort, denn

Magna est vis veritatis et praevalebit!

So wird die Zeit kommen, wo auch ihnen die Schuppen von den Augen fallen werden.

Ingleichen wird er nicht die Augen verdrehen, wenn er lustige Menschen sieht, die sich austoben in tollem Jubel. Er wird denken: Pauvre humanité! dann aber: Immer zu! Tanzt, hüpft, freit und laßt euch freien! Die Ermattung und der Katzenjammer werden sich schon einstellen; und dann wird auch für euch das Ende kommen.

Es ist so hell wie das Licht der Sonne. Der Optimismus

soll Gegensatz des Pessimismus sein? Wie dürftig und verkehrt! Das ganze Leben des Weltalls, vor dem Auftreten einer weisen kontemplativen Vernunft, soll ein sinnloses Spiel, das Hin- und Herwälzen eines Fieberkranken gewesen sein? Wie toll! Darf, wenn es hochkommt, ein 5-6 Pfund schweres Gehirn zu Gericht sitzen über einem Entwicklungsgang der Welt in einem unaussprechlich großen Zeitraum und ihn verwerfen? Das wäre reiner Wahnwitz!

Wer ist denn Optimist? Optimist ist mit Notwendigkeit der, dessen Wille noch nicht reif ist für den Tod. Seine Gedanken und Maximen (seine Weltanschauung) sind die Blüten seines Dranges und Hungers nach Leben. Wird ihm eine bessere Erkenntnis von außen gegeben, faßt sie aber nicht Wurzeln in seinem Geiste, oder bemächtigt sie sich zwar desselben, aber wirft sie von hier aus immer nur sogenannte kalte Blitze in das Herz, weil es verstockt und hart ist – was soll er machen? Also immer zu! Auch seine Stunde wird kommen, denn ein einziges Ziel haben alle Menschen, hat alles in der Natur.

Und wer ist ein Pessimist? muß es sein? Wer reif ist für den Tod. Er kann so wenig das Leben lieben, wie jener vom Leben sich abwenden kann. Er wird, wenn er nicht erkennt, daß er in seinen Kindern weiterleben würde, wodurch die Zeugung ihren grausamen Charakter verliert, wie Humboldt entsetzt davor zurückschrecken, wenige Minuten der Wollust zu erkaufen mit den Qualen, die ein fremdes Wesen vielleicht 80 Jahre lang erdulden muß, und wird das Kindererzeugen mit Recht für ein Verbrechen halten.

So lasset die Waffen sinken und streitet nicht mehr; denn euren Kampf hat ein Mißverständnis veranlaßt: ihr wollt beide dasselbe.

Wir haben dann noch die Stellung der immanenten Philosophie dem Verbrecher gegenüber zu präzisieren.

Im Staate ist der Verbrecher geächtet und dies mit vollem Recht; denn der Staat ist die mit Notwendigkeit in das Leben der Menschheit getretene Form, in welcher das große Gesetz der Schwächung der Kraft als Gesetz des Leidens sich offenbart, und in welcher allein der Mensch schnell erlöst werden kann. Die Bewegung des Weltalls heiligt ihn und seine Grundgesetze. Er zwingt die Menschen zu legalen Handlungen, und wer die Grundgesetze verletzt, richtet zwischen sich und seinen Mitbürgern Schranken auf, die bis zum Tode bestehen bleiben. »Er hat gestohlen«, »er hat gemordet«: das sind unsichtbare Ketten, mit denen der Verbrecher begraben wird.

Aber im Staate gibt es einen freien schönen Standpunkt, wo den Verbrecher treue Arme umschlingen und treue Hände sich auf das Brandmal seiner Stirne legen und es verhüllen: es ist der Standpunkt der reinen Religion.

Als Christus die Ehebrecherin verurteilen sollte, forderte er die Ankläger auf, sie zu steinigen, wenn sie sich rein fühlten, und als er zwischen zwei Mördern am Kreuze hing, versprach er dem einen das Himmelreich, den Ort, wo nach seiner Verheißung nur die Guten wohnen sollten.

Die immanente Philosophie wahrt sich diesen Standpunkt in der Metaphysik.

Wenn man den Verbrecher aus Not übersieht und nur diejenigen ins Auge faßt, welche, von ihrem Dämon gedrängt, trotz aller Gegenmotive das Gesetz verletzten, so muß man bekennen, daß sie mit derselben Notwendigkeit gehandelt haben, mit der ein guter Wille Werke der Gerechtigkeit und Menschenliebe tut.

Der Verbrecher, wie der Heilige, hilft nur einen notwendigen Weltlauf gestalten, der an sich nicht moralisch ist. Beide dienen dem Ganzen. Dies ist das erste, das Milde fordert.

Dann ist der Verbrecher, durch die Heftigkeit seines Willens, die Unseligkeit seiner Begierde, nicht nur geschieden vom Frieden, der höher ist als alle Vernunft, sondern er liegt auch in Qualen, die größer sind als Höllenqualen oder die Folgen der gesetzlichen Brandmarkung. »Des Narren Strafe ist seine Narrheit.«

Und der immanente Philosoph sollte das wilde, unglückliche Herz von sich stoßen? Wie müßte er sich verachten, wenn er es täte! – Der heftigste individuelle Wille zum Leben, den wir (wollen wir ihn recht prägnant charakterisieren) einen boshaften Teufel nennen, hilft diesen notwendigen Verlauf so gut gestalten wie der reinste Heilige. Ja, was ist denn eigentlich auf dem allerhöchsten Standpunkte der Philosophie, d. h. dem höchsten Standpunkte des esoterischen Christentums ein Mensch, den wir einen boshaften Teufel nennen? Was will er? Er will genau dasselbe, was der Heilige will: Nichtsein. Nur ist ihm dieses Ziel verhüllt und das Leben ist ihm Mittel und Zweck zugleich, während es sich vor dem klaren Auge des Philosophen lediglich als Mittel darstellt. Je heftiger das Leben gewollt wird, desto früher wird die Kraft abgetötet und das Nichtsein errungen. Deshalb sind es auch gewöhnlich die allerleidenschaftlichsten Naturen, die wiedergeboren, aus Schlemmern, Mördern, Dieben, plötzlich Asketen werden. Sie sind einem mit großer Kraft in die Höhe geschleuderten Stein zu vergleichen: je höher sie geworfen sind, d.h. je größer die Anfangsgeschwindigkeit war, desto größer ist auch die Endgeschwindigkeit.

Hier liegt auch die Lösung für den schönen persischen Mythos, daß Satan durch Gott überwunden und am Ende des Weltlaufs ein reiner Lichtgott wird. Satan ist das personifizierte Mittel zum Zweck. Gott kann nur durch Satan, durch den wilden Kampf der Individuen, das erlangen, was er will: das Nichtsein. Das sogenannte Böse, die Sünde, entspringt derselben Wirkung, der das sogenannte Gute, die Tugend, entspringt.

Wer das böse Prinzip in seiner dämonischen Schönheit bis auf den Grund kennenlernen will, muß Miltons Paradise Lost lesen. Der gefallene Erzengel, der mit stolz zurückgeworfenem Kopfe, tiefe Schwermut im düsteren Auge und um den Mund die Linien qualvoller Leiden tragend, nicht im reinen Lichte, sondern im roten Schein der Höllenglut nach Befreiung dürstet – dieser gemarterte Geist läßt in jedem Menschen eine Saite sympathisch ertönen. Auch der geniale Byron hat das böse Prinzip in das richtige Licht gestellt.

Aber Erlösung haben alle Zerschmetterten gefunden und sie haben sie verdient. Denn welcher Vernünftige hätte den Mut zu sagen: Erlösung wird nur demjenigen zuteil, welcher sie sich erworben hat durch Menschenliebe oder Keuschheit? Alle, die das Schicksal hinabstürzt in die Nacht der völligen Vernichtung, haben sich die Befreiung von sich selbst teuer erkauft durch Leiden allein. Bis zum letzten Heller haben sie das ausbedungene Lösegeld dadurch entrichtet, daß sie überhaupt lebten: denn Leben ist Qual. Durch Tausende von Jahrhunderten mußten sie, als hungriger Wille zum Leben, bald in dieser, bald in jener Gestalt, ruhelos vorwärts, immer die Peitsche im Nacken fühlend, gestoßen, getreten, zerfleischt; denn es fehlte ihnen das befreiende Prinzip: die denkende Vernunft. Als sie endlich in den Besitz des kostbaren Gutes gelangt waren, da wuchs erst recht die Reibung und Not mit der wachsenden Intelligenz. Und immer kleiner wurde die lodernde Willensflamme, bis sie zu einem unstet flackernden Irrlicht herabsank, das der leiseste Windhauch verlöschte. Die Herzen wurden ruhig, sie waren erlöst.

VI. Freiheit und Notwendigkeit

Es ist die größte Täuschung, in der man befangen sein kann, wenn man glaubt, auf dem Wege nach innen wären wir, wie auf dem Wege nach außen, erkennend und dem Erkennenden stünde ein Erkanntes gegenüber. Wir befinden uns mitten im Dinge an sich, von einem Objekt kann gar nicht mehr die Rede sein, und wir erfassen unmittelbar den Kern unseres Wesens, durch das Selbstbewußtsein, im Gefühl. Es ist ein unmittelbares Innewerden unseres Wesens durch den Geist, oder besser durch die Sensibilität.

Was ist nun die im Kern unseres Innern sich entschleiernde Kraft? Es ist der Wille zum Leben.

Wann immer wir auch den Weg nach innen betreten – mögen wir uns in scheinbarer Ruhe und Gleichgültigkeit antreffen, mögen wir selig erbeben unter dem Kusse des Schönen, mögen wir rasen und toben in wildester Leidenschaft oder zerfließen in Mitleid, mögen wir »himmelhoch jauchzen« oder »zum Tode betrübt sein« – immer sind wir Wille zum Leben. Wir wollen da sein, immer da sein; weil wir das Dasein wollen, sind wir und weil wir das Dasein wollen, verbleiben wir im Dasein. Der Wille zum Leben ist der innerste Kern unseres Wesens; er ist immer tätig, wenn auch oft nicht an der Oberfläche. Um sich hiervon zu überzeugen, bringe man das ermattetste Individuum in wirkliche Todesgefahr und der Wille zum Leben wird sich enthüllen, in allen Zügen mit entsetzlicher Deutlichkeit die Begierde nach Dasein tragend: sein Heißhunger nach Leben ist unersättlich.

Wenn aber der Mensch wirklich das Leben nicht mehr

will, so vernichtet er sich auch sofort durch die Tat. Die meisten wünschen sich nur den Tod, sie wollen ihn nicht.

Hier ergibt sich eine große Schwierigkeit. Ist nämlich der individuelle Wille zum Leben das einzige Prinzip der Welt, so muß er durchaus selbständig sein. Ist er aber selbständig und durchaus unabhängig, so ist ein dynamischer Zusammenhang der Welt nicht möglich. Die Erfahrung lehrt nun gerade das Gegenteil: sie drängt jedem treuen Naturbeobachter den dynamischen Zusammenhang auf und zeigt ihm zugleich die Abhängigkeit des Individuums von demselben. Folglich (so ist man versucht zu schließen) kann der individuelle Wille nicht das Prinzip der Welt sein.

In der philosophischen Kunstsprache stellt sich das Problem so dar: Entweder sind die Einzelwesen selbständige Substanzen, und dann ist der influxus physicus eine Unmöglichkeit; denn wie soll auf ein durchaus selbständiges Wesen ein anderes einwirken, Veränderungen in ihm mit Zwang hervorrufen können? oder die Einzelwesen sind keine selbständigen Substanzen, und dann muß es eine einfache Substanz geben, welche die Einzelwesen aktuiert, von welcher gleichsam die Einzelwesen das Leben nur zu Lehen haben.

Das Problem ist außerordentlich wichtig, ja, man kann es für das wichtigste der ganzen Philosophie erklären. Die Selbstherrlichkeit des Individuums ist in der größten Gefahr, und es scheint, nach der obigen Darstellung, als ob sie unrettbar verloren sei. Gelingt es der immanenten Philosophie nicht, das Individuum, das sie seither so treu beschützte, hier zu retten, so ist der logische Zwang da, es für eine Marionette zu erklären und es bedingungslos in die allmächtige Hand irgendeines transzendenten Wesens zurückzugeben. Dann heißt es nur noch: entweder Monotheismus, oder Pantheismus. Dann lügt die Natur und drückt uns Katzengold, anstatt echtes, in die Hand, wenn sie uns überall nur Individuen zeigt und nirgends eine einfache Einheit; dann belügen wir uns selbst, wenn wir uns im innersten Selbstbewußtsein erfassen als banges oder trotziges, seliges oder leidendes Ich; dann gibt es kein rein immanentes Gebiet, und es kann deshalb auch eine immanente Philosophie nur ein Lug- und Trugwerk sein.

Gelingt es uns dagegen, den individuellen Willen, die Tatsache der inneren und äußeren Erfahrung, zu retten, – dann ist aber auch der logische Zwang da, definitiv und für immer mit allen transzendenten Hirngespinsten zu brechen, sie mögen nun auftreten in der Hülle des Monotheismus, oder Pantheismus, oder Materialismus; dann ist – und zwar zum ersten Male – der Atheismus wissenschaftlich begründet.

Man sieht, wir stehen vor einer sehr wichtigen Frage.

Es möchte nun scheinen, daß der Mensch das liberum arbitrium indifferentiae habe, d. h. daß sein Wille frei sei, weil er Taten ausführen kann, die durchaus nicht seinem Charakter gemäß, vielmehr seiner Natur gänzlich zuwider sind. Dies ist aber nicht der Fall: der Wille ist niemals frei und alles in der Welt geschieht mit Notwendigkeit.

Jeder Mensch hat zur Zeit, wo ein Motiv an ihn herantritt, einen bestimmten Charakter, der, ist das Motiv zureichend, handeln muß. Das Motiv tritt mit Notwendigkeit auf (denn jedes Motiv ist immer das Glied einer Kausalreihe, welche die Notwendigkeit beherrscht), und der Charakter muß ihm mit Notwendigkeit folgen, denn er ist ein bestimmter und das Motiv ist zureichend.

Nun setze ich den Fall: das Motiv sei zureichend für meinen Charakter, aber unzureichend für mein ganzes Ich, weil mein Geist mein allgemeines Wohl, als Gegenmotiv, aufstellt und dieses stärker als jenes ist. Habe ich nun frei gehandelt, weil ich einem für meinen Charakter zureichenden Motiv nicht nachgab? In keiner Weise! Denn mein Geist ist von Natur ein bestimmter und seine Ausbildung, nach irgendeiner Richtung hin, geschah mit Notwendigkeit, weil ich zu dieser Familie gehöre, in dieser Stadt geboren wurde, diese Lehrer hatte, diesen Umgang pflegte, diese bestimmten Erfahrungen machte usw. Daß dieser mit Notwendigkeit gewordene Geist mir, im Moment der Versuchung, ein Gegenmotiv geben kann, das stärker ist als alle anderen, durchbricht die Notwendigkeit durchaus nicht. Auch die Katze handelt gegen ihren Charakter, unter dem Einflusse eines Gegenmotives, wenn sie in Gegenwart der Köchin nicht nascht, und doch hat noch niemand einem Tiere den freien Willen zugesprochen.

Ich deute ferner schon jetzt an, daß der Wille, durch Erkenntnis seines wahren Wohls, so weit gebracht werden kann, daß er seinen innersten Kern verneint und das Leben nicht mehr will, d.h. sich in vollen Widerspruch mit sich selbst setzt. Aber, wenn er dies tut, handelt er frei? Nein! Denn alsdann ist die Erkenntnis mit Notwendigkeit in ihm aufgegangen und mit Notwendigkeit muß er ihr folgen. Er kann nicht anders, so wenig als das Wasser bergauf fließen kann.

Wenn wir demnach einen Menschen nicht seinem bekannten Charakter gemäß handeln sehen, so stehen wir dennoch vor einer Handlung, die ebenso notwendig eintreten mußte, wie die eines anderen Menschen, der nur seiner Neigung folgte; denn im ersteren Falle entstand sie aus einem bestimmten Willen und einem bestimmten deliberationsfähigen Geiste, welche beide mit Notwendigkeit zusammenwirkten. Aus der Deliberationsfähigkeit des Geistes auf die Freiheit des Willens zu schließen, ist der größte Fehlschluß, der gemacht werden kann.

Wir haben es in der Welt immer nur mit notwendigen Bewegungen des individuellen Willens zu tun, es seien nun einfache oder resultierende Bewegungen. Nicht weil der Wille im Menschen mit einem deliberationsfähigen Geiste verbunden ist, ist er frei, sondern er hat nur aus diesem Grunde eine andere Bewegung als das Tier. Und hier liegt auch der Schwerpunkt der ganzen Untersuchung. Die Pflanze hat eine andere Bewegung als ein Gas oder eine Flüssigkeit oder ein fester Körper, das Tier eine andere als die Pflanze, der Mensch eine andere als das Tier. Das letztere ist der Fall, weil sich im Menschen die einseitige Vernunft zu einer vollkommenen weitergebildet hat. Durch dieses neue, aus dem Willen geborene Werkzeug übersieht der Mensch die Vergangenheit und blickt dem Zukünftigen entgegen: nun kann ihn, in jedem gegebenen Fall, sein Wohl im Allgemeinen bewegen, auf einen Genuß zu verzichten oder ein Leid zu erdulden, d.h. zu Taten zwingen, welche seinem Willen nicht gemäß sind. Der Wille ist nicht frei geworden, aber er hat einen außerordentlich großen Gewinn gemacht: er hat eine neue Bewegung erlangt.

Der Mensch ist also nie frei, ob er gleich ein Prinzip in sich trägt, das ihn befähigen kann, gegen seinen Charakter zu handeln; denn dieses Prinzip ist mit Notwendigkeit geworden, gehört mit Notwendigkeit zu seinem Wesen, da es ein Teil der ihm inhärierenden Bewegung ist, und wirkt mit Notwendigkeit.

Ich werde mich folglich sehr kurz fassen können. Wir haben uns das transzendente Gebiet nicht erschlichen. Wir haben gesehen, daß kein kausales Verhältnis in die Vergangenheit der Dinge zurückführen kann, sondern nur die Zeit. An ihrer Hand verfolgten wir die Entwicklungsreihen a parte ante, fanden aber, daß wir auf immanentem Gebiete niemals über die Vielheit hinauskönnen. Wie Luftschiffer nie die Grenze der Atmosphäre erreichen, sondern, sie mögen noch so hoch steigen, immer von der Luft umschlossen sein werden, so verließ uns nie die Tatsache der inneren und äußeren Erfahrung: der individuelle Wille. Dagegen forderte unsere Vernunft mit Recht unerbittlich die einfache Einheit. In dieser Bedrängnis war nur ein Ausweg: die Individuen jenseits des immanenten Gebietes in eine unbegreifliche Einheit zusammenfließen zu lassen. Wir befanden uns nicht in der Gegenwart, in welcher man niemals, nie über das Sein schlechthin des Objekts hinauskann, sondern in der Vergangenheit, und als wir deshalb das gefundene transzendente Gebiet für nicht mehr existierend, sondern für vorweltlich und untergegangen erklärten, führten wir keinen logischen Gewaltstreich aus, sondern dienten in Treue der Wahrheit.

Alles, was ist, war mithin in einer einfachen vorweltlichen Einheit, vor welcher, wie wir uns erinnern werden, alle unsere Erkenntnisvermögen zusammenbrachen. Wir konnten uns »weder ein Bildnis, noch irgendein Gleichnis« von ihr machen, mithin auch keine Vorstellung der Art und Weise gewinnen, wie die immanente Welt der Vielheit einst in der einfachen Einheit existiert hat. Aber eine unumstößliche Gewißheit gewannen wir, nämlich daß diese Welt der Vielheit einst eine einfache Einheit gewesen war, neben welcher nichts anderes existieren konnte.

Hier liegt nun der Schlüssel für die Lösung des Problems, womit wir beschäftigt sind.

Warum und wie die Einheit in die Vielheit zerfiel, das sind Fragen, die in keiner Physik gestellt werden dürfen. Nur das können wir hier sagen, daß, auf was immer auch der Zerfall zurückgeführt werden mag, er die Tat einer einfachen Einheit war. Wenn wir mithin auf immanentem Gebiete nur individuellen Willen finden und die Welt nichts anderes ist, als eine Kollektiv-Einheit dieser Individuen, so sind dieselben dennoch nicht durchaus selbständig, da sie vorweltlich eine einfache Einheit waren und die Welt die Tat dieser Einheit gewesen ist. So liegt, gleichsam wie ein Reflex, über der Welt der Vielheit die vorweltliche Einheit, so umschlingt gleichsam alle Einzelwesen ein unsichtbares, unzerreißbares Band, und dieser Reflex, dieses Band, ist der dynamische Zusammenhang der Welt. Jeder Wille wirkt auf alle anderen direkt oder indirekt, und alle anderen Willen wirken auf ihn direkt und indirekt, oder alle Ideen sind in »durchgängiger Wechselwirkung«.

So haben wir denn das zur Hälfte selbständige Individuum, halb aktiv aus eigener Kraft, halb leidend durch die anderen Ideen. Es greift in die Entwicklung der Welt selbstherrlich ein, und die Entwicklung der Welt greift in seine Individualität.

Ehe das transzendente Gebiet vom immanenten geschieden war, und zwar derartig, daß ersteres für vorweltlich allein existierend, dieses für jetzt allein existierend, erklärt wurde, fällte man mit Recht das disjunktive Urteil: entweder ist das Individuum selbständig, dann ist der influxus physicus (der dynamische Zusammenhang) unmöglich, oder es ist nicht selbständig, dann ist der influxus physicus die Wirksamkeit irgendeiner einfachen Substanz. Jetzt aber hat dieses Entweder–Oder keine Berechtigung mehr. Der individuelle Wille zum Leben ist, trotz seiner halben Selbständigkeit, als einziges Prinzip der Welt gerettet.

Im Leben gibt es keine Freiheit. Vor der Welt gab es nur Freiheit. Es ist sehr merkwürdig, daß die Freiheit nie definiert wurde: der Essentia gemäß handeln, während es doch anscheinend die allein richtige Definition gewesen wäre. Denn das Gegenteil der Freiheit: der Zwang, wird sehr richtig definiert: Gegen die Essentia handeln müssen. Auch ist es eine eigentümliche Abstraktion, das Ich mit seinem Wesen, das es doch ist, das es allererst ausmacht, das es vollkommen deckt, wie zwei gleiche Figuren sich decken, in einen Widerspruch zu setzen und das Ich von seiner Natur zu trennen. Nichts wäre also natürlicher gewesen, als alles das frei zu nennen, was seiner Natur gemäß leben kann. Warum hat man nun die Definition nicht angewandt? Aus dem sehr einfachen Grunde, weil alsdann das Tier in den meisten Fällen frei handeln würde, und es bei dem Menschen doch gerade darauf ankommen soll, gegen sich aus eigener Kraft zu handeln.

Nun ist es ganz recht, die Freiheit in das liberum arbitrium zu versetzen; denn darum handelt es sich: ob ich in einem gegebenen Fall irgend etwas tun oder auch lassen kann.

Aber man hatte auch sofort einsehen müssen, daß in

der Welt eine solche Freiheit nicht möglich sei; denn wo eine bestimmte Natur mit einem zureichenden Motiv zusammentrifft, blitzt die Tat auf, wie der Funke bei der Berührung von Stein und Eisen.

Die richtige Definition der Freiheit ist also nur auf Gott vor der Welt anwendbar. Er konnte sich zur Welt entlassen oder nicht, trotz seiner Essentia, die wir nicht kennen. Und in diesem Sinne ist die Freiheit unerfaßbar; denn in der Welt kennen wir nur die totale Abhängigkeit des Ichs von sich selbst und dem entsprechenden Motiv, also nur Notwendigkeit. Bei Gott aber müssen wir die Unabhängigkeit von Natur und Motiv postulieren, d.h. die wahre indifferentia. Denn als er war, war er ja alles in allem und kein Motiv vorhanden; das fällt fort.

Nun ändert sich aber die Sache. Einmal für das Dasein entschlossen, d.h. entschlossen, das Übersein dem Nichtsein zu opfern, mußte die vorhandene Essentia den Beschluß ausführen, und deshalb trat überhaupt die Welt in die Erscheinung; denn es handelt sich in dem Prozeß lediglich darum, die Essentia, das Hindernis, aus dem Wege zu räumen, es zu brechen, zu schwächen und endlich zu vernichten.

Nur so lösen sich die Widersprüche, und die Frage, warum Gott, wenn er nicht sein wollte, erst sein mußte und nicht sofort zerfloß, wird beantwortet. Auch ist die Allmacht kein Hindernis. Denn die einfache Einheit konnte, was sie wollte. Das war ihre Allmacht; nicht aber, daß sie wollte ohne Wesen, was absurd ist. Wo eine Existenz ist, da ist auch eine Essenz, und das ist der einzige Faden, der vom immanenten Gebiet auf das transzendente hinübergeht – alles andere ist ewig dunkel für uns.

Die beschränkte, die halbe Unabhängigkeit des Individuums ist eine Tatsache, welche nicht umgestoßen werden kann.

Hieraus folgt aber auch, daß alle Lehren, welche diese mittlere Stellung des Individuums zwischen den zwei Polen: volle Selbstherrlichkeit und totale Abhängigkeit, verschieben, besonders aber jene, welche das Individuum in einen der bezeichneten Polpunkte stellen, falsch sind.

Dem Pantheismus gemäß ist das Individuum ein Nichts, eine armselige Marionette, ein bloßes Werkzeug in der Hand einer in der Welt verborgenen einfachen Einheit. Hieraus ergibt sich, daß keine Tat eines Individuums seine Tat, sondern eine göttliche, in ihm gewirkte Tat ist, und daß es auch nicht den Schatten einer Verantwortlichkeit für seine Taten hat.

Der Pantheismus ist eine großartige Lehre, in der sich die Wahrheit zur Hälfte enthüllt. Es gibt eine Macht, welche vom Individuum nicht beherrscht wird, in deren Hand es liegt; aber diese Macht, der Zufall, ist durch das Individuum selbst beschränkt, ist eine halbe Macht.

Nach Buddhas Lehre gestaltet das innerste Wesen des Menschen das, was wir Zufall nennen, aus sich heraus. Gehe ich auf der Straße und trifft mich eine Kugel, die für einen anderen bestimmt war, so hat mein allmächtiges Wesen die Kugel in mein Herz geführt. Schließen sich vor mir alle Auswege, so daß ich, verzweifelnd, in den Tod muß, so hat nicht eine fremde Macht, sondern ich habe selbst die Kulissen so verschoben und gestellt, daß ich im Leben nicht bleiben kann. Wirft mich eine Krankheit jahrelang auf ein Schmerzenslager, so habe ich alles, was die Krankheit herbeiführen mußte, durch meine vollständige individuelle Selbstherrlichkeit in dieser bestimmten Weise wirksam gemacht. Werde ich reich, angesehen, ein Herrscher über Millionen, so habe ich aus mir allein alles so gelenkt, daß ich diese bestimmte Stellung einnehmen konnte. Kurz, alles, auch das, was wir mit Recht einer fremden Macht, dem Zufall, zuschreiben, ist mein ausschließliches Werk, ist Ausfluß meines allmächtigen Wesens, das nur unter dem Zwange seiner bestimmten Natur, d.h. aller guten und schlechten Taten in früheren Lebensläufen, steht. Und was das Individuum in seinem jetzigen Leben tut, bildet, im Verein mit dem Reste der unverbüßten und unbelohnten Taten aus früheren Daseinsweisen, das bestimmte Wesen für einen neuen Lebenslauf, welches das, was wir Zufall nennen würden, wieder aus sich heraus zusammenstellt, gruppiert und wirksam macht.

Die Karma-Lehre ist eine großartige, tiefe Lehre, wie der Pantheismus, und in ihr, wie in diesem, enthüllt sich die Wahrheit zur Hälfte. Das Individuum hat eine reale Macht, die der Zufall nicht beherrscht; aber diese Macht ist durch den Zufall beschränkt, ist eine halbe Macht.

Der Buddhismus übt auf den denkenden Menschen einen unverhältnismäßig größeren Zauber aus, als der Pantheismus, obgleich er nicht mehr und nicht weniger als dieser die Erfahrung beleidigt und die Wahrheit fälscht; denn während eine in der Welt verborgene allmächtige Einheit immer unser Herz kalt lassen und ihm immer fremd bleiben wird, steht der Buddhismus einzig und allein auf der Individualität, das echte Reale, das einzig Gewisse für uns, das uns unmittelbar Gegebene und intim Bekannte.

Ich wiederhole indessen: die halbe Autonomie ist eine Tatsache auf immanentem Gebiete, welche nicht umgestoßen werden kann.

Dennoch kann sie ergänzt werden zur vollen Selbstherrlichkeit des Individuums, wenn man das vergangene transzendente Gebiet an das reale immanente rückt.

Alles, was ist, war in der einfachen vorweltlichen Einheit. Alles, was ist, hat demnach, bildlich geredet, am Entschlusse Gottes, nicht zu sein, teilgenommen, hat in ihm den Entschluß gefaßt, in das Nichtsein überzutreten. Das retardierende Moment, das Wesen Gottes, machte die sofortige Ausführung des Beschlusses unmöglich. Die Welt mußte entstehen, der Prozeß, in welchem das retardierende Moment allmählich aufgehoben wird. Diesen Prozeß, das allgemeine Weltallsschicksal, bestimmte die göttliche Weisheit, (wir reden immer nur bildlich), und in ihr bestimmte alles, was ist, seinen individuellen Lebenslauf.

Nun hat Buddha recht: Alles, was mich trifft, alle Schläge und Wohltaten des Zufalls sind mein Werk: ich habe sie gewollt. Aber nicht in der Welt führe ich sie erst mit allmächtiger, unerkennbarer Kraft herbei, sondern vor der Welt, in der einfachen Einheit, habe ich bestimmt, daß sie mich treffen sollen.

Nun auch hat erst der Pantheismus recht: das Weltenschicksal ist ein einheitliches, ist Bewegung der ganzen Welt nach einem Ziele; aber keine einfache Einheit in der Welt führt sie aus, indem sie in Schein-Individuen, bald nach dieser, bald nach jener Richtung, wirkt, sondern eine einfache Einheit vor der Welt bestimmte den ganzen Prozeß, und in der Welt führen ihn nur reale Individuen aus.

Jetzt hat auch Plato recht, der (De Rep. X) jeden Menschen, vor dem Eintritt ins Leben, sein Schicksal sich selbst erwählen läßt, aber er erwählt es nicht unmittelbar vor der Geburt, sondern vor der Welt überhaupt, auf transzendentem Gebiete, als das immanente noch nicht war, hat er sich selbst sein Los bestimmt.

Schließlich vereinigt sich jetzt die Freiheit mit der Notwendigkeit. Die Welt ist der freie Akt einer vorweltlichen Einheit; in ihr aber herrscht nur die Notwendigkeit, weil sonst das Ziel nie erreicht werden könnte. Alles greift mit Notwendigkeit ineinander, alles konspiriert nach einem einzigen Ziele.

VII. Apologie des Selbstmords

Der Mensch will das Leben schlechthin. Er will es bewußt und auf dämonischen (unbewußten) Antrieb. Erst in zweiter Linie will er das Leben in einer bestimmten Form. Sehen wir nun von den Heiligen ab (von den heiligen indischen Brahmanen, Buddhisten, Christen und weisen Philosophen, wie Spinoza einer war), so hofft jeder, daß ihn der göttliche Atem, wie den Schmetterling seine Flügel, von einer Blume zur anderen trage: Das ist das gewöhnliche Vertrauen auf die Güte Gottes.

Da jedoch die Erfahrung auch den Blödesten lehrt, daß der göttliche Atem nicht nur ein leiser Zephyr ist, sondern auch ein kalter eisiger Nordwind oder ein furchtbarer Sturm sein kann, der Blume und Schmetterling vernichten mag, so tritt neben das Vertrauen die Gottesfurcht.

Denken wir uns einen Menschen vom gewöhnlichen Schlage, der eben, erbaut von einem tüchtigen Priester, aus der Kirche käme und sagte: »Ich vertraue auf Gott, ich stehe in seiner Hand, er wird es wohl machen.« Könnten wir in seinem Herzen die verborgenste Falte öffnen, so würden wir finden, daß er mit diesem zuversichtlichen Ausspruch eigentlich ausdrücken wollte:

»Mein Gott wird mich vor Verderben und Untergang retten.« Er fürchtet Unglück und Tod, am meisten einen plötzlichen Tod.

Vertraut dieser Mensch auf Gott? Er vertraut in Furcht: sein Vertrauen ist nichts anderes als Gottesfurcht im zerfetzten Gewand des Vertrauens: die Furcht blickt aus tausend Löchern und Rissen heraus.

Man kann nun füglich annehmen, daß zwischen diesem Gottvertrauen, resp. dieser Gottesfurcht und dem Vertrauen des echten Gläubigen gar kein anderer Grad von Vertrauen mehr liege. Unterschiede ergeben sich nur in der Art und Weise, wie der Gläubige die Schläge und Wohltaten des Schicksals hinnimmt: ob in den Polen absolute Verzagtheit und absolute Ruhe einerseits, absolute Freude und absolute Ruhe andererseits herrsche oder auf irgendeinem Punkt innerhalb dieser Grenzen vorhanden sei, denn er spricht immer:

Was Gott tut, das ist wohlgetan.

Es ist nur das Fleisch, wie die Theologen sagen, das zittert oder jubelt: die Seele ist immer vertrauensvoll.

Aus diesem Gläubigen wird sofort ein Heiliger, ebenso wie aus einem Zweifler sofort ein echter Weiser wird, wenn der Tod verachtet, resp. geliebt wird. Gottesfurcht ist Todesfurcht, Gottvertrauen ist Todesverachtung.

Wer die Furcht vor dem Tode überwunden hat, der und nur der allein kann die köstlichste, duftreichste Blume in seinem Gemüt erzeugen: Unanfechtbarkeit, Unbeweglichkeit, unbedingtes Vertrauen; denn was in der Welt könnte einen solchen Menschen noch irgendwie bekümmern? Not? Er hat keine Furcht, zu verhungern. Feinde? Sie können ihn höchstens ermorden und der Tod hat ja keine Schrecken mehr für ihn. Körperlicher Schmerz? Wird dieser unerträglich, so wirft er, der »Fremdling auf Erden«, ihn in einer Minute samt seinem Körper ab.

Darum ist die Todesverachtung Grundlage und Bedingung sine qua non des echten Vertrauens.

Aber wie kann man sie erlangen? Durch die Religion und durch die Philosophie.

Gibt die Religion dem Individuum das herrliche Vertrauen, so schenkt sie es ihm in der Hülle eines schönen Wahns. Sie gaukelt dem Menschen ein süßes Bild vor, das glutvolles Verlangen in ihm erweckt und in der Umarmung des herrlichen Trugbildes erdrückt er die Todesfurcht in seinem Busen. Er verachtet das irdische Leben, um ein schöneres himmlisches Leben dafür zu erhalten.

Der Glaube ist mithin Bedingung des religiösen Vertrauens und je mehr die Fähigkeit zum Glauben in der Menschheit abnimmt, desto seltener wird deshalb das echte Gottvertrauen oder, was dasselbe ist, desto furchtsamer, haltloser, schwankender, zerfahrener, unglücklicher werden die Menschen.

Wir leben nun in einer Periode, wo die selige Verinnerlichung durch die kontinuierliche Abnahme des Glaubens immer seltener, die unglückselige Zerfahrenheit und Friedelosigkeit immer häufiger wird: es ist die Periode des trostlosen Unglaubens.

Es bleibt die Philosophie. Kann sie helfen? Kann sie ohne einen persönlichen Gott und ohne ein Himmelreich jenseits des Grabes ein Motiv geben, das verinnerlicht, konzentriert und dadurch aus einem gesammelten Gemüt die Blüte des echten Vertrauens, des unerschütterlichen Seelenfriedens treibt? Ja, sie kann es; gewiß, sie kann es. Sie begründet das Vertrauen auf dem reinen Wissen, wie die Religion es auf dem Glauben begründet hat.

So wenig als die Religion der Erlösung, das Christentum, weitergeführt werden kann, so wenig ist meine Philosophie der Erlösung weiterzuführen: sie kann nur vervollkommnet, d.h. im Detail, namentlich in der Physik, ausgebaut werden; denn in der Welt gibt es weder ein

Wunder noch ein unergründliches Geheimnis. Die Natur ist vollkommen zu ergründen. Nur die Entstehung der Welt ist ein Wunder und ein unergründliches Geheimnis. Ich habe jedoch gezeigt, daß uns der göttliche Akt, d.h. eben die Entstehung der Welt, im Bilde erklärlich ist, wenn wir uns nämlich der weltlichen Prinzipien Wille und Geist als regulativer (nicht konstitutiver) Prinzipien mit Absicht auf die vorweltliche Gottheit bedienen. Damit ist, meiner Überzeugung nach, der spekulative Trieb der Menschen am Ende seines Weges angekommen; denn ich darf mit der größten apodiktischen Bestimmtheit aussprechen, daß über das Wesen der vorweltlichen Gottheit nie ein menschlicher Geist sich Rechenschaft wird ablegen können. Auf der anderen Seite muß auch die von mir im Bilde gespiegelte Entstehung des göttlichen Entschlusses, sich in einer Welt der Vielheit zu verkörpern, um vom Dasein schlechthin befreit zu werden, jeden Vernünftigen völlig befriedigen.

Was hat sich nun aus meiner Metaphysik ergeben? Eben eine wissenschaftliche Grundlage, d.h. ein Wissen (kein Glaube), worauf das unerschütterlichste Gottvertrauen, die absolute Todesverachtung, ja Todesliebe erbaut werden kann.

Ich habe nämlich zunächst gezeigt, daß jedes Ding in der Welt unbewußter Wille zum Tode sei. Dieser Wille zum Tode ist namentlich im Menschen ganz und gar verhüllt vom Willen zum Leben, weil das Leben Mittel zum Tode ist, als welches es sich ja auch dem Blödesten klar darstellt: wir sterben unaufhörlich, unser Leben ist langsamer Todeskampf, täglich gewinnt der Tod, jedem Menschen gegenüber, an Macht, bis er zuletzt jedem das Lebenslicht ausbläst.

Wäre denn eine solche Ordnung der Dinge überhaupt möglich, wenn der Mensch im Grunde, im Urkern seines Wesens, nicht den Tod wollte? Der Rohe will das Leben als ein vorzügliches Mittel zum Tode, der Weise will den Tod direkt.

Man hat sich also nur klar zu machen, daß wir im innersten Kern unseres Wesens den Tod wollen, d.h. man hat nur die Hülle von unserem Wesen abzustreifen und alsbald ist die bewußte Todesliebe da, d.h. die volle Unanfechtbarkeit im Leben oder das seligste herrlichste Gottvertrauen.

Unterstützt wird diese Enthüllung unseres Wesens durch einen klaren Blick in die Welt, welcher überall die große Wahrheit findet:

> daß das Leben wesentlich glücklos und das Nichtsein ihm vorzuziehen ist;

dann durch das Resultat der Spekulation:

> daß Alles, was ist, vor der Welt in Gott war und, bildlich geredet, am Entschluß Gottes, nicht zu sein, und an der Wahl der Mittel zu diesem Zwecke, teilgenommen hat.

Hieraus fließt:

> daß mich im Leben gar nichts treffen kann, weder Gutes noch Böses, was ich mir nicht, in voller Freiheit, vor der Welt gewählt habe.

Also eine fremde Hand fügt mir direkt gar nichts im Leben zu, sondern nur indirekt, d.h. die fremde Hand führt nur aus, was ich selbst, als ersprießlich für mich, gewählt habe.

Wende ich nun dieses Prinzip auf alles an, was mich im Leben trifft, auf Glück und Unglück, Schmerz und Wollust, Lust und Unlust, Krankheit und Gesundheit, Leben oder Tod, so muß ich, habe ich mir nur die Sache recht deutlich und klar gemacht, und hat mein Herz den Erlösungsgedanken glutvoll erfaßt, alle Vorkommnisse des Lebens mit lächelnder Miene hinnehmen und allen möglichen kommenden Vorfällen mit absoluter Ruhe und Gelassenheit entgegengehen.

Philosopher, c'est apprendre à mourir: Das ist der Weisheit »letzter Schluß«.

Wer den Tod nicht fürchtet, der stürzt sich in brennende Häuser; wer den Tod nicht fürchtet, der springt ohne Zaudern in tobende Wasserfluten; wer den Tod nicht fürchtet, der wirft sich in den dichtesten Kugelregen; wer den Tod nicht fürchtet, der nimmt unbewaffnet den Kampf mit tausend gerüsteten Riesen auf – mit einem Worte, wer den Tod nicht fürchtet, der allein kann für andere etwas tun, für andere bluten und hat zugleich das einzige Glück, das einzige begehrenswerte Gut in dieser Welt: den echten Herzensfrieden.

Wer die Bürde des Lebens aber nicht mehr zu tragen vermag, der werfe sie ab. Wer es nicht mehr aushalten kann im Karnevalssaale der Welt, oder, wie Jean Paul sagt, im großen Bedientenzimmer der Welt, der trete, aus der »immer geöffneten« Tür, hinaus in die stille Nacht.

Wie leicht fällt der Stein aus der Hand auf das Grab des Selbstmörders, wie schwer dagegen war der Kampf des armen Menschen, der sich so gut gebettet hat. Erst warf er aus der Ferne einen ängstlichen Blick auf den Tod und wandte sich entsetzt ab; dann umging er ihn zitternd in weiten Kreisen; aber mit jedem Tage wurden sie enger und enger und zuletzt schlang er die müden Arme um den Hals des Todes und blickte ihm in die Augen: und da war Friede, süßer Friede.

Das Höchste, wozu sich nachsichtige, milde, liebevolle Menschen im Okzident aufschwingen können, ist das, daß sie den Leichnam des Selbstmörders nicht steinigen und das Leid des »armen, gewiß wahnsinnig gewesenen« Nächsten in sich empfinden. Buddha erklärte dagegen kühn den Selbstmord, dem Geist seiner genialen Lehre gemäß, für außerordentlich verdienstvoll und riet ihn unbedingt an. Nur seinen Priestern verbot er, sich selbst zu töten, weil die Welt sonst nicht erlöst werden könnte. Er verlangte mithin von ihnen den Verzicht auf Selbstvernichtung als ein schweres Opfer.

Christus hat über den Selbstmord nichts gesagt. Daraus jedoch, daß bei Anführung des Bösen, das aus dem Herzen der Menschen kommt (Mark. 7, 21.22), der Selbstmord nicht erscheint, darf man schließen, daß er nicht fähig gewesen wäre, einem Selbstmörder das exoterisch gelehrte Himmelreich zu entziehen; ja, wie sich zeigen läßt, ist die Moral Christi gar nichts anderes als Anbefehlung langsamen Selbstmords und man wird deshalb, wenn man noch den prophezeiten Untergang der Welt zu Hilfe nimmt, geradezu aussprechen können, daß Christus, wie Buddha, den Selbstmord anempfohlen hat. Ich bestehe deshalb so sehr auf diesem Punkt, weil, wie ich offen gestehen muß, das herzlose Urteil der meisten Menschen, namentlich der Pfaffen, über den Selbstmörder das einzige ist, was mich noch tief empören kann. Ich möchte ferner alle windigen Motive zerstören, welche den Menschen abhalten können, die stille Nacht des Todes zu suchen, und wenn mein Bekenntnis, daß ich ruhig das Dasein abschütteln werde, wenn die Todessehnsucht in mir nur um ein weniges noch zunimmt, die Kraft haben kann, einen oder den anderen meiner Nächsten im

Kampfe mit dem Leben zu unterstützen, so mache ich es hiermit.

Wer den Philosophenmantel anlegt, hat zur Fahne der Wahrheit geschworen, und nun ist, wo es ihren Dienst gilt, jede andere Rücksicht, auf was immer es auch sei, schmählicher Verrat.

Schopenhauer

Geht ohne Zittern, meine Brüder, aus diesem Leben hinaus, wenn es zu schwer auf euch liegt: ihr werdet weder ein Himmelreich, noch eine Hölle im Grabe finden.

Wohl wendet sich die immanente Philosophie mit ihrer Ethik auch an die Lebensmüden und sucht sie zurückzuziehen mit freundlichen Worten der Überredung, sie auffordernd, sich am Weltgang zu entzünden und durch reines Wirken für andere diesen beschleunigen zu helfen –; aber wenn auch dieses Motiv nicht wirkt, wenn es unzureichend für den betreffenden Charakter ist, dann zieht sie sich still zurück und beugt sich dem Weltlauf, der den Tod dieses bestimmten Individuums nötig hat und es deshalb mit Notwendigkeit auslöschen muß; denn nehmt das unbedeutendste Wesen aus der Welt, und der Weltlauf wird ein anderer werden, als wenn es geblieben wäre.

Die immanente Philosophie darf nicht verurteilen; sie kann es nicht. Sie fordert nicht zum Selbstmord auf; aber der Wahrheit allein dienend, mußte sie Gegenmotive von furchtbarer Gewalt zerstören. Denn was sagt der Dichter?

Who would fardels bear
To grunt and sweat under a weary life,
But that the dread of something after death –
The undiscover'd country, from whose bourn

No traveller returns – puzzles the will
And makes us rather bear those ills we have
Than fly to others that we know not of?
Shakespeare

(Wer trüge Lasten,
Und stöhnt' und schwitzte unter Lebensmüh'?
Nur daß die Furcht vor etwas nach dem Tod –
Das unentdeckte Land, von deß' Bezirk
Kein Wandrer wiederkehrt – den Willen irrt,
Daß wir die Übel, die wir haben, lieber
Ertragen, als zu unbekannten fliehn.)

Dieses unentdeckte Land, dessen geglaubte Mysterien so manchem die Hand wieder öffneten, welche den Dolch bereits fest umklammert hatte – dieses Land mit seinen Schrecken hat die immanente Philosophie vollständig vernichten müssen. Es war einmal ein transzendentes Gebiet – es ist nicht mehr. Der Lebensmüde, welcher sich die Frage stellt: Sein oder Nichtsein? soll die Gründe für und gegen lediglich aus dieser Welt schöpfen (aber aus der ganzen Welt: er soll auch seine verdüsterten Brüder berücksichtigen, denen er helfen kann, nicht etwa, indem er Schuhe für sie anfertigt und Kohl für sie pflanzt, sondern indem er ihnen eine bessere Stellung erringen hilft) – jenseits der Welt ist weder ein Ort des Friedens, noch ein Ort der Qual, sondern nur das Nichts. Wer es betritt, hat weder Ruhe, noch Bewegung, er ist zustandslos wie im Schlaf, nur mit dem großen Unterschied, daß auch das, was im Schlafe zustandslos ist, nicht mehr existiert: der Wille ist vollständig vernichtet.

Dies kann ein neues Gegenmotiv und ein neues Motiv

sein: diese Wahrheit kann den einen in die Bejahung des Willens zurücktreiben, den anderen machtvoll in den Tod ziehen. Die Wahrheit darf aber nie verleugnet werden. Und wenn seither die Vorstellung einer individuellen Fortdauer nach dem Tode, in einer Hölle oder in einem Himmelreich, viele vom Tode abhielt, die immanente Philosophie dagegen viele in den Tod führen wird – so soll dies fortan so sein, wie jenes vorher sein sollte, denn jedes Motiv, das in die Welt tritt, erscheint und wirkt mit Notwendigkeit.

VIII. Ausblick ins Leere

Die pessimistische Philosophie wird für die anhebende Geschichtsperiode sein, was die pessimistische Religion des Christentums für die abgelaufene war.

Das Zeichen unserer Fahne ist nicht der gekreuzigte Heiland, sondern der Todesengel mit großen, ruhigen, milden Augen, getragen von der Taube des Erlösungsgedankens: im Grunde genommen dasselbe Zeichen.

Die schönste Blüte oder besser: die edelste Frucht der Schopenhauer'schen Philosophie ist die Verneinung des Willens zum Leben. Man wird immer mehr erkennen, daß erst auf Grund dieser Lehre ernstlich davon die Rede sein kann, die Philosophie an die Stelle der Religion treten, sie bis in die untersten Schichten des Volkes eindringen zu lassen. Was hat die Philosophie vor Schopenhauer dem nach Erlösung laut rufenden Herzen des Menschen geboten? Entweder erbärmliche Hirngespinste über Gott, Unsterblichkeit der Seele, Substanz, Akzidenzien, kurz einen Stein; oder sorgfältige, sehr scharfsinnige, durchaus notwendige Untersuchungen des Erkenntnisvermögens. Aber was fragt der Mensch in Momenten des Erstaunens über sich selbst, wenn die Besinnung die Oberhand gewinnt und eine leise traurige Stimme in ihm spricht:

Ich leb' – und weiß nicht wie lang;
Ich sterb'– und weiß nicht wann;
Ich fahr' – und weiß nicht wohin;

nach den subjektiven Formen, Raum und Zeit, nach dem Kausalitätsgesetz und der Synthesis eines Mannigfaltigen der Anschauung? Das Herz will etwas haben, woran es sich anklammern kann, einen unerschütterlichen Grund im Sturm des Lebens, Brot und wieder Brot für seinen Hunger. Weil das Christentum diesen Hunger stillte, mußte die griechische Philosophie, im Kampf mit ihm, unterliegen, und weil das Christentum einen unerschütterlichen Grund gab, wenn alles wankte und zitterte, während die Philosophie der Schauplatz unfruchtbaren Gezänkes und wütenden Kampfes war, warfen sich oft die hervorragendsten Geister, flügellahm und matt, in die Arme der Kirche. Aber man kann jetzt nicht mehr glauben, und weil man nicht mehr glauben kann, wirft man mit den Wundern und Mysterien der Religion ihren unzerstörbaren Kern fort: die Heilswahrheit. Gänzlicher Indifferentismus bemächtigt sich der Gemüter, welchen Kant sehr treffend »die Mutter des Chaos und der Nacht« genannt hat. Diesen unzerstörbaren Kern der christlichen Religion hat nun Schopenhauer mit starker Hand ergriffen und in den Tempel der Wissenschaft, als heiliges Feuer, gebracht, welches als neues Licht für die Menschheit hervorbrechen und sich über alle Länder ausbreiten wird, denn es ist so beschaffen, daß es einzelne und Massen begeistern und ihre Herzen in helle Flammen versetzen kann.

Dann wird die Religion ihren Beruf erfüllt und ihre Bahn durchlaufen haben: sie kann dann das bis zur Mündigkeit geleitete Geschlecht entlassen, selbst aber in Frieden dahinscheiden. Dies wird die Euthanasie der Religion sein.

Parerga II. 361

Eine Philosophie, welche an die Stelle der Religion treten will, muß vor allem den Trost der Religion, den erhebenden, herzstärkenden, daß jedem seine Sünden vergeben werden können, und daß eine gütige Vorsehung die Menschheit zu ihrem Besten leitet, erteilen können. Gibt ihn die Schopenhauer'sche Philosophie? Nein! Wie Mephistopheles, sitzt Schopenhauer am Ufer des Menschenstromes und ruft höhnisch den in Schmerzen sich Windenden, nach Erlösung Schreienden zu: eure Vernunft hilft euch nichts. Nur die intellektuelle Anschauung kann euch retten, aber nur dem, welcher von einer rätselhaften Macht dazu prädestiniert ist, kann sie zuteil werden. Viele sind berufen, aber wenige sind auserwählt. Alle anderen sind verurteilt, »ewig« in der Hölle des Daseins zu schmachten. Und wehe dem Armen, der vermeint, er könne in der Gesamtheit erlöst werden; sie kann nicht sterben, denn ihre Idee liegt außerhalb der Zeit, ohne welche sich nichts verändern kann.

Zwar wünschen alle erlöst zu werden aus dem Zustande des Leidens und des Todes: sie möchten, wie man sagt, zur ewigen Seligkeit gelangen, ins Himmelreich kommen: aber nur nicht auf eigenen Füßen; sondern hineingetragen möchten sie werden durch den Lauf der Natur. Aber das ist unmöglich.

W. a. W. u. V. II.692

Ich dagegen sage, an der Hand der Natur: wer sich erlösen will, der kann es jederzeit »durch Vernunft und Wissenschaft, des Menschen allerhöchste Kraft«. Das unfehlbare Mittel, um dem Weltganzen zu entfallen, ist für die reale Individualität, deren Entwicklung in keiner Weise von der Zeit abhängt, Virginität. Diejenigen aber, welche bereits in Kindern weiterleben, für die also in dieser Generation die Möglichkeit der Erlösung verscherzt ist, und diejenigen, welche das Mittel zwar noch ergreifen könnten, aber nicht die Kraft dazu haben – sie alle sollen getrosten Mutes sein und redlich weiterkämpfen: früher oder später werden sie erlöst werden, sei es vor der Gesamtheit, oder in der Gesamtheit, denn das Weltall hat die Bewegung aus dem Sein in das Nichtsein.

Zu sagen: »Die Welt ist durch einen Urzufall«, kommt dem Verzichte gleich, sie zu erklären. Die Frage: warum die Begierde den Willen ergriff, aus dem Übersein in das Sein zu treten, d.h. die Welt zu erzeugen, bleibt ohne Antwort. Einen Weg der Welt aber ohne Zweck und Ziel und Ende annehmen (die Ruhepunkte in dem »beliebig oft« repetierenden Vorgang fallen außer Betracht, da von dem Ende eines Weltprozesses bis zum Beginn des nächsten ja keine Zeit ist: der Weltprozeß als solcher also eigentlich nie absolut endet) heißt den tiefernsten Charakter, den der ganze Verlauf dieses Prozesses an sich trägt, zu einem vollendet grausamen verschärfen.

Was hat eine Philosophie, die von solchen Voraussetzungen ausgeht, dem Individuum, das nach Erlösung von der Qual des Daseins schreit, von Trost zu bieten? Sie schmiedet den todesmatten Kämpfer, der dem Weltganzen für immer entfallen will, mit eisernen Händen an das ewig rollende Rad des »unendlichen Werdens«, und träufelt in die brennende Wunde seiner schmerzvollen Erkenntnis: daß Leben und Leiden ein und dasselbe, statt eines Balsams, nur das ätzende Gift des trostlosen Gedankens, weder durch sich selbst, noch in und mit der Gesamtheit, die volle und ganze Vernichtung seines Wesens je erreichen zu können. Die erschütternd sich von ihm losringende Klage: Wozu dann aber diese Pein in infinitum ohne Sinn und Resultat, ohne Trost und ohne Rast? – verhallet ungehört.

Der Atheismus, wie ihn meine Lehre begründet, – zum ersten Male wissenschaftlich begründet hat, – gibt dem großen Problem der Entstehung und Bedeutung der Welt, mit der Lösung zugleich auch die Versöhnung. Er kennt vor dieser Welt keine Welt und keine nach ihr. Sie ist ihm ein einziger großartiger Prozeß, der weder eine Wiederholung ist, noch eine Wiederholung haben wird; denn vor ihm liegt das transzendente Übersein und nach ihm das nihil negativum. Und dies ist keine eitle Behauptung. Die Deduktion ist durch und durch logisch, und alles in der Natur unterschreibt das Resultat, vor dem wohl ein schwacher Geist zitternd zusammenbrechen mag, der Weise aber freudig bis ins Innerste seiner Seele erbebt. Nichts mehr wird sein, Nichts, Nichts, Nichts! –

O dieser Blick in die absolute Leere! –

Es muß ein richtiges Prinzip sein, aus dem sich so mühelos, ungezwungen und klar die Lösung der größten philosophischen Probleme ergibt, welche die genialsten Männer aller Zeiten hoffnungslos sinken ließen, nachdem sie ihre Denkkraft an denselben erschöpft hatten. Als Kant das Zusammenbestehen von Freiheit und Notwendigkeit, durch die Unterscheidung eines intelligiblen von einem empirischen Charakter, erfaßt zu haben glaubte, konnte er nicht umhin zu bemerken:

Die hier vorgetragene Auflösung der Schwierigkeiten hat aber, wird man sagen, doch viel Schweres in sich und ist einer hellen

Darstellung kaum empfänglich. Allein ist denn jede andere, die man versucht hat, oder versuchen mag, leichter und faßlicher?

Alle mußten irren, weil sie kein reines immanentes und kein reines transzendentes Gebiet zu schaffen wußten. Die Pantheisten mußten irren, weil sie die tatsächlich vorhandene einheitliche Weltbewegung auf eine Einheit in der Welt zurückführten; Buddha mußte irren, weil er von dem tatsächlich im Individuum vorhandenen Gefühl der vollen Verantwortlichkeit für alle seine Taten fälschlich auf die volle Selbstherrlichkeit des Individuums in der Welt schloß; Kant mußte irren, weil er auf rein immanentem Gebiete Freiheit und Notwendigkeit mit einer Hand umspannen wollte.

Wir legten dagegen die einfache Einheit der Pantheisten auf ein vergangenes transzendentes Gebiet und erklärten die einheitliche Weltbewegung aus der Tat dieser vorweltlichen einfachen Einheit; wir vereinigten die halbe Autonomie des Individuums und die von ihm total unabhängige Macht des Zufalls in der Welt, auf transzendentem Gebiete, im einheitlichen Beschluß Gottes, in das Nichtsein überzutreten, und in der einheitlichen Wahl der Mittel, den Beschluß auszuführen. Schließlich vereinigten wir Freiheit und Notwendigkeit nicht in der Welt, wo kein Platz für die Freiheit ist, sondern in der Mitte der Kluft, die das mit unserer Vernunft wieder hergestellte, untergegangene transzendente Gebiet vom immanenten trennte.

Das untergegangene transzendente Gebiet haben wir uns nicht mit Sophismen erschlichen. Daß es gewesen und nicht mehr ist, das haben wir mit logischer Strenge in der Analytik bewiesen.

Und nun erwäge man den Trost, die unerschütterliche Zuversicht, das selige Vertrauen, das aus der metaphysisch begründeten vollen Autonomie des Individuums fließen muß. Alles, was den Menschen trifft: Not, Elend, Kummer, Sorgen, Krankheit, Schmach, Verachtung, Verzweiflung, kurz, alles Herbe des Lebens, fügt ihm nicht eine unergründliche Vorsehung zu, die sein Bestes auf eine unerforschliche Weise beabsichtigt, sondern er erleidet dieses alles, weil er, vor der Welt, alles als bestes Mittel zum Zweck selbst erwählte. Alle Schicksalschläge, die ihn treffen, hat er erwählt, weil er nur durch sie erlöst werden kann. Sein Wesen (Dämon und Geist) und der Zufall führen ihn durch Schmerz und Wollust, durch Freude und Trauer, durch Glück und Unglück, durch Leben und Tod, treu zur Erlösung, die er will.

Es hat der Mensch den natürlichen Hang, das Schicksal zu personifizieren und das absolute Nichts, das ihm aus jedem Grabe entgegenstarrt, mystisch zu erfassen als eine Stätte ewigen Friedens, als city of peace, Nirwana: als neues Jerusalem.

> *Und Gott wird abwischen alle Tränen von ihren Augen, und der Tod wird nicht mehr sein, noch Leid, noch Geschrei, noch Schmerzen wird mehr sein; denn das erste ist vergangen.*
>
> Offenb. Joh. 21.4

Es ist nicht zu leugnen, daß die Vorstellung eines persönlichen liebevollen Gott-Vaters das menschliche Herz, »das trotzige und verzagte Ding«, tiefer ergreift als das abstrakte Schicksal, und daß die Vorstellung eines Himmelreichs, wo bedürfnislose, verklärte Individuen in ewiger Kontemplation selig ruhen, mächtigere Sehnsucht erweckt, als das absolute Nichts. Die immanente Philosophie ist auch hier mild und gütig. Die Hauptsache bleibt, daß der Mensch die Welt durch das Wissen überwunden hat. Ob er das erkannte Schicksal läßt wie es ist, oder ob er ihm wieder die Züge eines treuen Vaters gibt; ob er das erkannte Ziel der Welt als absolutes Nichts stehen läßt, oder ob er es umwandelt in einen lichtdurchfluteten Garten des ewigen Friedens –: das ist völlig Nebensache. Wer möchte das unschuldige, gefahrlose Spiel der Phantasie unterbrechen?

> *Ein Wahn, der mich beglückt,*
> *Ist eine Wahrheit wert, die mich zu Boden drückt.*
>
> Wieland

Der Weise aber blickt fest und freudig dem *absoluten Nichts* ins Auge.

Quellennachweis

Die vorliegende Auswahl basiert auf folgenden Textausgaben: *Die Philosophie der Erlösung*, Bd. I, Berlin: Theobald Grieben 1876 und *Die Philosophie der Erlösung*, Bd. II, Frankfurt: E. Koenitzer 1886.

Die Kapitelüberschriften stammen vom Herausgeber.

Vorbemerkung

In der Philosophie ... (II 463); Die wahre Philosophie ... (I 3); Das Individuum verlangt ... (I viii).

I. Über den Ursprung der Welt

Wir haben ... (II 83); Wir können auf immanentem Gebiet ... (I 27ff.); Das auf immanentem Gebiete uns so bekannte ... (I 107f.); Das Schöne ... (II 509); Aus der ursprünglichen Einheit ... (I 108f.); Die einfache Einheit existierte ... (I 320ff.); Ich habe in meinem Werk ein einziges Wunder ... (II 570).

II. Das universale Gesetz der Schwächung der Kraft

Der Streit ist ... (II 498); Die Bewegung des Weltalls ... (II 510); Die erste Bewegung ... (I 94ff.); Wir haben gesehen ... (I 346f.); Hier sehen wir, daß der Wille ... (II 635); Das Gesetz der Schwächung ... (II 510).

III. Teleologie der Vernichtung

Die einzige Endursache ... (II 506); Die erste blinde bewußtlose Bewegung ... (II 551f.); Im unorganischen Reich ... (I 327ff.); Ich muß es noch einmal sagen ... (II 505); Die Menschheit ist zunächst ... (I 314f.); Es ist deshalb ganz gleichgültig ... (I 342f.); Der einzige Einwand ... (II 509); Wir haben in der Physik ... (I 335f.); Es ist die Bewegung ... (I 215).

IV. Menschheit, Zivilisation und idealer Staat

Die Politik handelt ... (I 227); Jede Handlung des Menschen ... (I 180ff.); Wir erkennen mithin auf unserem jetzigen Standpunkte ... (I 199f.); Es ist der Zivilisation wesentlich ... (I 240f.); Wer sich in den Fäulnis- und Absterbungsprozeß ... (I 260f.); Schon vor Kant ... (I 587f.); Wir werden mithin einen idealen Staat ... (I 204ff.); Im Wohlleben liegt kein Glück ... (I 308); Nun gebt ihnen ... (I 301/308); Jetzt können wir den Gedanken ... (I 210f.); Die Bewegung der Menschheit ... (I 215); Meine Philosophie blickt ... (I 334/311f.); Wir können ferner sagen ... (I 344f.).

V. Der Heilige und der Teufel

Alle Tugend beruht entweder ... (I 573ff.); Es ist ganz undenkbar, daß ... (II 482f.); Ist nun jede Handlung ... (I 575); Mit anderen Worten ... (I 213ff.); Hier möchte es scheinen, als ob ... (I 338ff.); Und der Mensch, der erst klar ... (I 216ff.); Wir haben oben gefunden, daß ... (I 131ff.); Diejenigen, welche mit Sicherheit der Erlösung ... (I 221f.); Wer das Leben verneint ... (I 348f.); Im Staate ist der Verbrecher ... (I 351f.); Und der immanente Philosoph sollte ... (I 352/II 211f.); Aber Erlösung haben alle Zerschmetterten ... (I 261).

VI. Freiheit und Notwendigkeit

Es ist die größte Täuschung ... (I 44); Hier ergibt sich eine große Schwierigkeit ... (I 102f.); Es möchte nun scheinen, daß der Mensch ... (I 176ff.); Ich werde mich folglich sehr kurz fassen ... (I 104ff.); Im Leben gibt es keine Freiheit ... (II 506f.); Die beschränkte, die halbe Unabhängigkeit ... (I 352ff.)

VII. Apologie des Selbstmords

Der Mensch will das Leben ... (I 248ff.); Wer die Bürde des Lebens aber ... (I 349); Das Höchste, wozu sich nachsichtige ... (II 108); Christus hat über den Selbstmord ... (II 218); Wohl wendet sich die immanente Philosophie ... (I 349ff.).

VIII. Ausblick ins Leere

Die pessimistische Philosophie wird ... (II 505); Die schönste Blüte ... (II 559f.); Eine Philosophie, welche an die Stelle ... (I 600); Zu sagen: »Die Welt ist durch einen Urzufall« ... (II 510f.); Es muß ein richtiges Prinzip sein ... (I 356ff.).

Umschlagabbildung: Edvard Munch, Der Schrei, 1893. Nationalgalerie Oslo, Schenkung Olaf Schon, 1910.

Philosophie
im insel taschenbuch

Augustinus: Bekenntnisse. Lateinisch und Deutsch. Eingeleitet, übersetzt und erläutert von Joseph Bernhart. Mit einem Vorwort von Ernst Ludwig Grasmück. it 1002

Giordano Bruno: Das Aschermittwochsmahl. Übersetzt von Ferdinand Fellmann. Mit einer Einleitung von Hans Blumenberg. it 548

Epikur: Philosophie der Freude. it 1057

Erasmus von Rotterdam: Das Lob der Torheit. Mit den Randzeichnungen von Hans Holbein dem Jüngeren. Übersetzt und herausgegeben von Uwe Schultz. it 369

Kant-Brevier. Ein philosophisches Lesebuch für freie Minuten. Herausgegeben von Wilhelm Weischedel. it 61

Sören Kierkegaard: Briefe. Aus dem Dänischen und mit einem Nachwort von Walter Boehlich. it 727

– Tagebuch des Verführers. Aus dem Dänischen von Helene Ritzerfeld. it 405

Philipp Mainländer: Philosophie der Erlösung. Eine Auswahl aus dem Werk von Philipp Mainländer. Herausgegeben von Ulrich Horstmann. it 1148

Meister Eckhart: Das Buch der göttlichen Tröstung. Ins Neuhochdeutsche übertragen von Josef Quint. it 1005

Michel de Montaigne: Essais. Herausgegeben und mit einem Nachwort versehen von Ralph-Rainer Wuthenow. Revidierte Fassung der Übertragung von Johann Joachim Bode. it 220

Friedrich Nietzsche: Also sprach Zarathustra. Ein Buch für alle und keinen. Thomas Mann, Die Philosophie Nietzsches im Lichte unserer Erfahrung. it 145

– Der Antichrist. Versuch einer Kritik des Christentums. it 947

– Ecce homo. Mit einem Vorwort von Raoul Richter und einem Nachwort von Ralph-Rainer Wuthenow. it 290

– Die fröhliche Wissenschaft. Mit einem Nachwort von Ralph-Rainer Wuthenow. it 635

– Die Geburt der Tragödie aus dem Geiste der Musik. Mit einem Nachwort von Peter Sloterdijk. it 1012

– Götzen-Dämmerung oder Wie man mit dem Hammer philosophiert. it 822

– Jenseits von Gut und Böse. Mit der Streitschrift ›Zur Genealogie der Moral‹ und einem Nachwort von Ralph-Rainer Wuthenow. it 762

– Menschliches, Allzumenschliches. Ein Buch für freie Geister. Mit einem Nachwort von Ralph-Rainer Wuthenow. it 614

– Morgenröte. Gedanken über die moralischen Vorurteile. Mit einem Nachwort von Ralph-Rainer Wuthenow. it 678

167/1/7.88